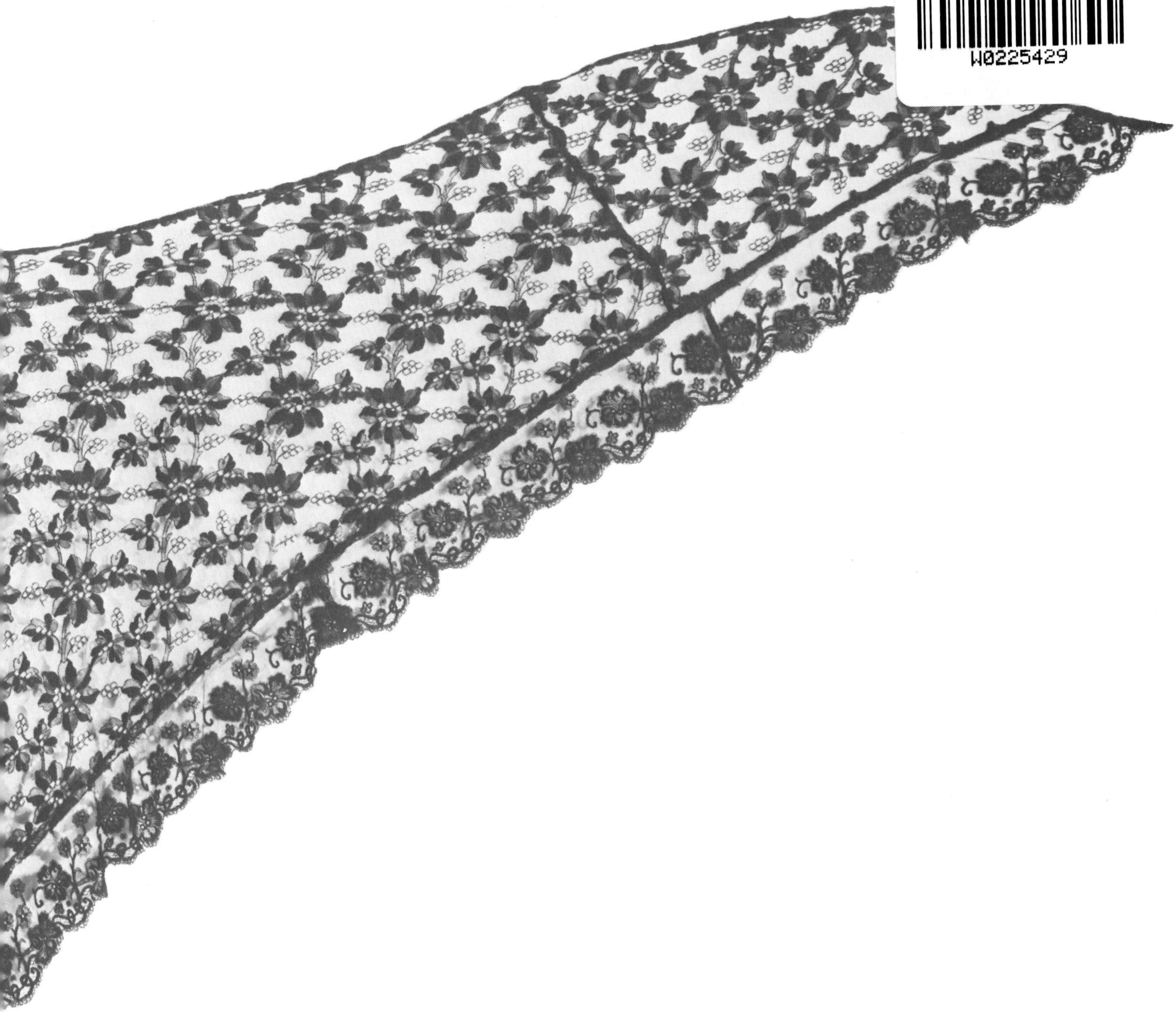

Christfried Preußler · Rebland am Blauen

Den Einwohnerinnen und Einwohnern
von St. Ilgen und Laufen
in Dankbarkeit

Christfried Preußler

Rebland am Blauen

Wege im nördlichen Markgräflerland

Mit einem Geleitwort von Alfred Schönbucher

Schillinger Verlag GmbH · Freiburg im Breisgau

Umschlag:
Das Muggardter Rebhäuschen

Vorsatz:
Struktur eines Brusttuches der Markgräfler Tracht
(sog. »Mailänder Halstuch«)
aus dem 19. Jahrhundert aus der Sammlung
Thomas Hofer, Haltingen

1. Auflage 1990, 2. Auflage 1998 · ISBN 3-89155-085-5
Gesamtherstellung: Schillinger Verlag, Freiburg

Inhaltsverzeichnis

D'Obewolke stige

Lina Kromer

D'Obewolke stige
am Blaue ohni Hascht,
alli Vögel schwige,
d'Stilli chunnt scho z'Gascht.

Uf de untre Matte
wahlt blaue Nebel scho,
länger falle d'Schatte,
d'Sunne mueß scho goh.

Do un dört e Sterne
leit hell si Liechtli dri...
Mensch! Sone Sunnecherne
sottsch du doch selber si.

Nach Sonnenuntergang bei St. Ilgen

Zum Geleit

Dieses Buch enthält eine Aufforderung an Sie, liebe Leser: Mitzugehen auf stillen Wegen im Markgräflerland. »Miteinander gehen«, das ist ja ein bis in unsere Zeit hinein üblicher Ausdruck für die Zuneigung zweier Menschen: Sie gehen miteinander, sie haben sich gefunden, sind in Liebe miteinander verbunden. Es ist kein statischer Begriff, sondern lebensvoll bewegtes Ereignis. Wenn zwei Menschen miteinander gehen, miteinander unterwegs sind, dann geschieht etwas an ihnen. Der gemeinsame Weg verbindet uns, ja er verwandelt uns. Ein Ausruf: »Schau nur, wie schön!« Und schon werden uns die Augen geöffnet für eine Blume am staubigen Weg, für die vollkommene Gestalt eines Baumes, für die Fülle seiner Blütenpracht, für die kunstvolle Skulptur seiner Rinde, für die Bewegung sanft fallender und wieder aufsteigender Hügel, die sich zart und duftig von den dunklen Wäldern der Berge abheben. Liebende sehen mit den Augen des andern, entdecken Neues, das sie nie zuvor so gewahrten. Als wäre die Erde soeben aus dem Winterschlaf erwacht und würde ihre Träume vor ihnen ausbreiten in der farbigen Pracht von Blumen und Blüten, so erleben sie diesen gemeinsamen Weg. Wohl darum ist auch der Frühling zur Jahreszeit der Liebenden geworden, weil er am entsprechendsten ausdrückt, was in ihnen selbst vorgeht. Schauen, erleben und dann erinnern, also in sich hineinnehmen und bewahren.

Dazu will uns auch dieses Buch verhelfen in seiner Art – und eben darin unterscheidet es sich von vielen anderen, die sich auch mit dieser Landschaft befassen. Es will uns an der Hand nehmen und auf stillen Wegen führen. So schreibt es uns nicht vor, was wir unbedingt alles sehen müssen. Es will uns helfen, wieder schauen und staunen zu lernen, bis uns diese Landschaft lieb und vertraut wird. Dann wird uns jeder zerstörerische Eingriff in das Gewachsene und Gewordene schmerzen wie eine Wunde am eigenen Leibe und uns zu einem Fürsprecher für diese Landschaft machen gegen alle, die nur einen schnellen Nutzen aus ihr ziehen wollen – und so zerstören, was morgen für ihre Kinder Brot und Wein und Glück bedeuten könnte.

Miteinander unterwegs zu sein hat erstaunliche Folgen. Das wird uns schon in der Bergpredigt deutlich, wenn Jesus die Seinen auffordert: »Wenn dich jemand nötigt, eine Meile mitzugehen, so geh mit ihm zwei.« Das bedeutet doch: Du wirst ihn dann besser verstehen, selbst dann, wenn du ihn zuvor für deinen Feind hieltest. Du wirst hinter der Fassade des Feindes, die du selbst vor ihm aufgebaut hast, den Menschenbruder entdecken. Einer wird auf dem Wege den anderen brau-

chen, ihn stärken, auf ihn Rücksicht nehmen. Es vollzieht sich etwas zwischen zwei Menschen, die einen Weg miteinander gehen.
So bin ich mit dem Verfasser schon manchen Weg gegangen, oft auch im Weglosen des Hochgebirges, und wir sind dabei gute Freunde geworden. Und diese gemeinsamen Wege, bei denen wir die Stille um uns herum nicht zerreden, sind auch der Anfang guter Gespräche, wie ja auch das Wort, das uns trifft, aus der Stille erwächst. Dabei ist uns aufgegangen, wie leicht wir den wichtigen Dritten im Bunde vergessen, wenn wir gemeinsam unterwegs sind: Den Weg selbst. Er ist es ja, der uns führt, uns immer neu zum Staunen bringt, uns sein Geheimnis enthüllt, wo wir uns ihm und seiner Führung überlassen. Er ist der Aktive, der uns neu das Schauen lehrt. Wir können uns ihm anvertrauen. Nicht hastig will er uns von einem Punkt, von einem Ort zum andern befördern, sondern gemächlich mit uns durch das Land schlendern, damit wir entdecken, welche Kostbarkeiten es birgt zwischen den Punkten, die wir als Stationen oder als Ziel bezeichnen.
Und so tritt der Verfasser auch bescheiden zurück, überläßt uns dem Weg, daß wir ihn mit neuen Augen gehen. Dabei werden uns Dorf, Reben, Sprache, Geschichte und Brauchtum zum gemeinsamen Ausdruck einer Landschaft, die eben dem, der sich ihr öffnet, noch heute zu einer »himmlischen Landschaft« werden kann. Und sie wird es, wenn wir der Aufforderung Rilkes nachkommen:

»Denn des Anschauns, siehe, ist eine Grenze.
Und die geschaute Welt
will in der Liebe gedeihn.
Werk des Gesichts ist getan,
tue nun Herz-Werk
an den Bildern in dir, . . .«

Alfred Schönbucher

Vorwort zur zweiten Auflage

Der Gegenstand des vorliegenden Buches ist die alte Kulturlandschaft Markgräflerland. Mein Ziel ist es, das Wesenhafte darzustellen, das in Jahrhunderten Gewachsene und Gewordene, das Besondere und Einzigartige jenseits tagesaktueller Veränderungen. Auch war es mir ein besonderes Anliegen, die Gefahr der Zerstörung dieser Kulturlandschaft anzusprechen, die durch eine immer weitere Entfremdung von unseren natürlichen Lebensgrundlagen und deren Zerstörung entsteht. Dieser Gesichtspunkt hat in den vergangenen Jahren eine ständig wachsende Bedeutung erlangt.

Wenn in diesen Tagen durch die Presse geht, daß die bäuerliche Landschaft vor dem Aus steht, so zeigen sich hier die Auswirkungen eines lebensverachtenden Gesellschaftssystems gerade auf den Teil unserer Bevölkerung, der unsere Kulturlandschaften in ihrer heutigen Form erst geschaffen hat und von dem noch immer unser aller Existenz abhängt.

In diesem Zusammenhang ist es zu einer weiteren Zuspitzung und Polarisierung gekommen. Auf der einen Seite erleben wir eine gesteigerte Sensibilität für die Schutzbedürftigkeit von Ökosystemen, eine immer größere Sehnsucht nach dem Erleben intakter Natur und gewachsener Kultur sowie ein starkes Bedürfnis nach einem menschlicheren Miteinander. Auf der anderen Seite ist eine epochale Abtrennung von allem im Gang, was unser Leben bisher trug; sei es die Abkopplung von der bäuerlichen Lebensmittelerzeugung durch eine gentechnische, großindustrielle Nahrungsproduktion, sei es in Form der künstlichen Multimedia-Umwelt (Cyberspace, virtuelle Welten), die uns Menschen noch weiter von dem Miterleben einer natürlichen Umwelt und von einem liebevollen Zusammenleben mit unseren Mitmenschen entfernen.

In diesem Spannungsfeld hat jeder von uns die Aufgabe der Entscheidung und die Möglichkeit der Gestaltung. Eine spirituelle Orientierung ist hierfür die Grundlage. Konzepte wie Permakultur und Bioregionalismus zeigen praktisch auf, wie wir in dezentralen, vernetzten Strukturen regionale Vielfalt bewahren und entfalten können; dies zum Wohle unserer natürlichen Mitwelt, der sozialen Strukturen und nicht zuletzt der Qualität unserer eigenen Lebensweise. Wir alle haben die Wahl, von der es abhängt, ob es auch in Zukunft noch solche Kostbarkeiten geben wird wie eine in Jahrhunderten gewachsene, bäuerlich gepflegte Kulturlandschaft Markgräflerland.

Einführung

Meine Beziehung zum Markgräflerland entstand durch das Aufwachsen in St. Ilgen. Zunächst bedeuteten das kleine Dorf und seine unmittelbare Umgebung die Welt für mich. Da gab es Bauernhöfe, in denen ich mich wie daheim fühlen durfte. Im Winter fuhren wir auf der abschüssigen Dorfstraße Schlitten. Am Brauchtum zwischen »Burefasnet« und Pfingsten nahmen wir Kinder mit Begeisterung teil. Auf dem Dorfplatz und um die Kirche herum spielten wir. Die Weinlese war ein Fest, auf das ich mich das ganze Jahr freute. Von der Wohnstube aus konnten wir den Blauen sehen, vom Westfenster des obersten Dachbodens die Vogesen. Mit der Zeit nahm ich die Fülle dieses Dorfes und dieser Landschaft bewußt wahr, die Feldwege halfen mir dabei. »Markgräflerland« wurde ein Zauberwort.

Gleichzeitig erlebte ich die Veränderungen. Wo auf einem Hügel das Grün der Wiesen im Frühling besonders satt gewesen war, schoß plötzlich ein Neubaugebiet aus dem Boden. Vertraute Bäume mußten dem Straßenbau weichen. Hohlwege wurden zu Mülldeponien. Autos und Fernsehapparate, zunächst voller Faszination, entfernten uns Dorfbewohner voneinander.

So wurde beides in mir lebendig: Liebe zur Schönheit und Ursprünglichkeit dieses alten bäuerlichen Kulturlandes und Angst, daß in Jahrhunderten Gewordenes weiterhin oft sinnlos zerstört und dieses Land seines Wesens beraubt wird.

Dieses Land erscheint mir als eine zerbrechliche Kostbarkeit; nur mit Feingefühl und aller Behutsamkeit werden wir es bewahren und seinem Wesen gemäß weiterentwickeln können!

Der Blauen von den Rebbergen bei Betberg

Begegnung mit der Landschaft

Das Markgräflerland ist geprägt durch eine Vielfalt landschaftlicher Formen auf engem Raum. Der nördliche Anteil ist dreigegliedert in die Ebene des Oberrheingrabens, die Vorbergzone und den Schwarzwald.

Beim Betrachten der Landschaft wird bewußt, daß wir uns in einem alten bäuerlichen Kulturland befinden. Das Bild wird nicht durch moderne Zweckbauten oder durch eine industrialisierte Landwirtschaft geprägt. Meist kleinparzellierte Äcker, Wiesen und Rebflächen werden reich gegliedert durch oft noch ungeteerte Wege, Raine mit üppigem Gebüsch, alte hochstämmige Obst- und Walnußbäume, windungsreiche Bachläufe mit Weiden, Pappeln und Erlen und kleine Wälder. Eingefügt liegen die Dörfer und Städte, bisweilen stolz auf Höhenrücken, meist eingeschmiegt in ein Tal oder eine Mulde. Sie verdrängen nicht die Landschaft, sondern gehen in sie über. Sie sind keine Fremdkörper, sondern eine Bereicherung. Die Landschaft wäre ärmer ohne sie. Von welcher modernen Siedlung können wir das sagen? Heutiges Bauen in seiner Gesamtheit vernichtet Landschaft. In Einzelfällen geradezu verschwenderisch. Ein Beispiel dafür sind die unnütz breiten Straßen in manchen Neubaugebieten.

Hier wird schon etwas vom Geheimnis dieses bäuerlichen Kulturlandes sichtbar. Durch die Jahrhunderte war das Bauen und Bauern der Menschen im Einklang mit der Landschaft und veredelte sie. Das Ergebnis dieses Wirkens empfinden wir als schön und echt. Erstaunlich angesichts der Tatsache, daß es keinen einheitlichen (Bebauungs-) Plan mit vielen Bestimmungen gab, sondern beinahe selbstverständlich eines zum andern kam. Wie muß früher in den Menschen das Wesen der Landschaft gelebt haben, daß sie so bauen konnten!

Immer wieder begegnen wir der Weite. Man könnte sein Leben damit verbringen, auf Wanderungen Aussichtspunkte zu entdecken, die einen neuen einzigartigen Ausblick eröffnen. Von den Schwarzwaldhöhen erblicken wir bei klarer Sicht, vor allem in der kalten Jahreszeit, die Alpenkette vom Mont Blanc bis zur Zugspitze. Am schönsten erscheinen die Bergriesen des Berner Oberlandes. Von den Hügeln der Vorbergzone sehen wir weit, jedoch nicht grenzenlos über die Rheinebene, denn auf der elsässischen Seite begrenzen die Vogesen den Blick. Ein Gefühl der Überschaubarkeit und Geborgenheit entsteht. Der Blick zu den Vogesen ist wie ein Sinnbild für dieses Land mit seiner offenen und auch behüteten Art. Unwirklich darin wirken die qualmenden Schlote der französischen Chemiewerke in der Rheinebene bei Chalampé. Der beständige Westwind weht die Abgase herüber in die Mark-

Am Altrhein bei Neuenburg

Altrhein und Rheinseitenkanal bei Bad Bellingen

Rebweg im Murggardter Berg

gräfler Wein- und Kurorte. Einige Kilometer weiter nördlich steht das Kernkraftwerk Fessenheim. Bei bewölktem Himmel werden seine Betonmauern manchmal von einem Sonnenstrahl getroffen und leuchten kreideweiß auf.
Wesentlicher jedoch ist: Diese Landschaft spendet Stille. Unvermutet geraten wir auf unseren Wanderungen in kleine Seitentäler. Das Lärmen verstummt. Plötzlich gibt es nichts mehr, was uns aufregt. Wir finden uns eingehüllt in ursprüngliche Landschaft. Lind und stark strömt die Natur auf uns ein. Wir gehen auf einem Feldweg. Er ist nicht geteert. Geteerte Feldwege liegen aufgepfropft auf der Natur, sie sind gemacht, nicht geworden. Heutige Straßen suchen den kürzesten Weg um jeden Preis, sie durchschneiden. Am deutlichsten wird das bei den Autobahnen. Auf ihnen unterwegs sein ist lästige Zeit, ist Mittel zum Zweck.

Unser Feldweg ist Teil der Natur. Er verläuft im Rhythmus der Hügel und Senken, der Wiesen und Felder. Auf ihm unterwegs sein ist bereits das Ziel. Martin Heidegger hat in seinem »Feldweg« geschrieben: »Der Mensch versucht vergeblich, durch sein Planen den Erdball in eine Ordnung zu bringen, wenn er nicht dem Zuspruch des Feldweges eingeordnet ist. Die Gefahr droht, daß die Heutigen schwerhörig

Morgenstimmung bei Hertingen

Feldweg bei Käsacker

Blühendes Eggener Tal

für seine Sprache bleiben. Ihnen fällt nur noch der Lärm der Apparate, die sie fast für die Stimme Gottes halten, ins Ohr. So wird der Mensch zerstreut und weglos. Den Zerstreuten erscheint das Einfache einförmig. Das Einförmige macht überdrüssig. Die Verdrießlichen finden nur noch das Einerlei. Das Einfache ist entflohen. Seine stille Kraft ist versiegt.«

Es fällt uns nicht leicht, der Stille des Feldweges standzuhalten. Es ereignet sich anscheinend nichts. Wir vermissen die rasche Abwechslung, die Reizflut, die wir wie das tägliche Brot brauchen! Landschaft erleben wir meist vom Auto aus. Da wechseln die Eindrücke ständig, vergleichbar einem Film im Fernsehen, wo ein ganzes Leben in 45 Minuten hineingerafft wird. Daran sind wir gewöhnt. Werden wir nicht derart »abgefüllt«, dann fühlen wir uns leer. Vor dieser Leere fliehen wir in ständiger innerer Unruhe. Deshalb müssen wir erst lernen, die Sprache des Feldweges zu verstehen. Dabei geht eine eigene Welt auf.

Wir entdecken, wie sehr unser Landschaftsbild von der Straße her bestimmt wird. Ein flaches, beinahe farbloses Bild, in dem die meisten Eigenarten fehlen. Wieviel reicher, wirklicher ist das Erleben auf einem Feldweg! Von einer Anhöhe aus sehen wir, daß Straßen, Neubaugebiete und Zweckbauten nur einen kleinen Teil der Landschaft ausmachen. Noch haben wir es nicht geschafft – in anderen Gegenden »gelang« es bereits – die innere Harmonie zu zerstören. Doch die Feldwege verschwinden einer nach dem anderen. Unmerklich. Das ist das Unheimliche. Schauen wir 20 Jahre zurück, erschrecken wir, wie Land und Leute umgekrempelt wurden. Von Tag zu Tag, im Alltag jedoch sind die Veränderungen so langsam, daß sie uns kaum auffallen. Hier wieder ein Hohlweg aufgefüllt und geteert, dort ein alter Baum umgehauen, weil er im Wege stand. Für jedes alte Haus, das abgerissen wird, werden im Neubaugebiet zehn neue gebaut. Die Arbeit vieler Planer beschleunigt das langsame Ausbluten noch.

Wir sehen den künstlerischen Sinn der alten Baumeister. Sie brachten es fertig, Zweckdienlichkeit und Schönheit zu vereinigen. Das Muggardter Rebhäuschen, als Gebäude ehrwürdig und ansprechend, verleiht durch seine eigenartige Lage – nicht auf der höchsten Stelle, sondern etwas tiefer errichtet – dem gespannten Bogen des Weinberges erst seinen unnachahmlichen Reiz. Als ob der Goldene Schnitt mitgespielt hätte. Im benachbarten Britzingen krönt ebenso einzigartig der alte Kirchturm das Dorf. Jetzt konkurriert mit ihm ein neuerbautes Mehrfamilienhaus mit sägezahnartigem Dach. Schon aus der Ferne fällt es ins Auge. Es erinnert an Bergsilhouetten in den Alpen. Deren spitze Gipfel fügen sich gut ein in die schroffkantige Bergwelt. Hier jedoch schlagen die Zähne des Hauses ins Weiche, Wehrlose.

Im Frühling erleben wir die Symphonie der Baumblüte. Müllheim wird Ende April zur Magnolienstadt. Bald folgt die Kirschblüte; das Eggener Tal erlebt seine hohe Zeit. Die Dörfer verschwinden schier im Blütenmeer! Fast gleichzeitig öffnen sich die Birnbäume. Ihr Weiß ist sanfter, gelber. Die Nußbäume treiben die ersten Blätter. Von weitem schimmern ihre Kronen braunrot. Anfang Mai ist die Zeit der Apfelblüte. Das zarte Rot der Knospen verwandelt sich in rosa Wolken, die majestätisch in der Landschaft schweben. Wochenlang vollenden die stattlichen Kastanien das berauschende Spiel. Ihre Kerzen leuchten in alle Richtungen.

Im Spätsommer und Herbst sind es Farbereignisse, die uns überraschen. »An den Küsten des Lichts« liegt dieses Land und erlebt begeisternde Sonnenuntergänge. In keiner anderen Jahreszeit wird so deutlich, daß hier der weite Blick zur untergehenden Sonne das Landschaftsempfinden prägt. Manchmal bricht die Sonne unter einer dichten Wolkendecke hervor, kurz bevor sie hinter den scharfgeschnittenen Vogesen versinkt. Nach ihrem Untergang beleuchtet sie die Unterseite der Wolken, deren Rot immer unfaßbarer wird. An

Blick zu den Vogesen bei Sonnenuntergang

Lütschenbach im Kandertal

Herbstverzaubertes Kandertal

Abendstimmung bei Buggingen

Blick vom Belchen zum Blauen

anderen Tagen ist der Himmel wie reingewaschen. Ein gelbdunstiger Schleier, getränkt mit südlichem Licht, nimmt der Landschaft alle Schärfen. Beim Dunkelwerden trägt das Firmament alle Farben vom Gelborange bis zum Schwarzblau. Weit und unergründlich tief ist dann das Himmelsgewölbe ausgespannt. Im Oktober beginnt das Farbenspiel der Pappeln. Das Grün ihrer Blätter verwandelt sich in helles erfrischendes Gold. In der Dämmerung leuchten sie auf wie Fackeln.

Im Laufe von Jahrzehnten zeigt uns der Blauen seine Gesichter. Gen Norden schaut er mit markanter Höhenlinie. In reichem Wechselspiel setzt er sich in Beziehung zu den tieferen Bergen, begleitet von Stockberg und Köhlgarten. Wo von Westen her der Wald plötzlich endet, steht der alte Turm, kaum höher als die Baumwipfel. Jetzt beherrscht der neue Fernsehturm den Gipfel. Zwischen Judengalgen und Müllheim betrachtet, hat der Blauen ein Antlitz von klassischer Schönheit. Es ist gebildet aus zwei hintereinander gestaffelten Dreiecken, Gottessymbolen. Wieder bewahrheitet sich Schickeles Wort von der »Himmlischen Landschaft«. Zur Rheinebene und nach Süden hin zeigt er sich als der mächtige Südwestpfeiler des Schwarzwaldes: »un über allem gwaltig/dr Blaue wiene Fürscht!« (Lina Kromer). Das hintere Kandertal führt uns an seine Ostflanke heran. Ganz nah ist der Gipfel mit dem Blauenhaus, der neue Turm sticht uns ins Auge. Schauen wir vom Belchen, wo die Ost- und Nordgrenze des Markgräflerlandes zusammentreffen, zu ihm hinüber, zeigt er sich als Berg in seinem Land.

Wir erkennen bei wachem Blick in die Landschaft: Nichts von dem, was uns erst leben läßt und uns erfreut, wird vom Menschen allein hervorgebracht. Kräfte sind dazu notwendig, über die wir nicht verfügen können. Am besten weiß das der alte Bauer. Sein Säen ist geringes Tun im Vergleich zu dem Wirken, das die Halme aus den Körnern ans Licht bringt und seinem Tun einen Sinn gibt. Deshalb ist seit alters der Frühling seine glücklichste Zeit, wenn er spürt, daß im vielfältigen Frühlingswerden ein einziges liebevolles Sein erscheint.

Wo wir die Herrscher der Welt sein wollen, nehmen wir diesem uns erhaltenden Wirken den Raum.

Goldene Herbststimmung (St. Ilgen)

Britzingen

Das Dorf

Das Dorf ist einem starken Wandel unterworfen. Es stellt sich die Frage, in welcher Weise es weiterbestehen wird.

Das alte Dorf. Es ist bei uns eine bäuerliche Lebensgemeinschaft. Viel mehr als eine zufällige Zusammenwürfelung von Menschen und Bauwerken, ist es eine bestimmende Größe im Leben seiner Bewohner. Sie sind verbunden im Bewußtsein der Zusammengehörigkeit. Das Kommen und Gehen der Generationen, freudige und leidvolle Geschehnisse, das einmalige Gesicht des Dorfes mit seinen Winkeln, Gassen und Gebäuden bilden das allen Gemeinsame. Die Beziehung zur Vergangenheit ist lebendig. In Sitten und Gebräuchen, in den bäuerlichen Techniken, in der dorfeigenen Spielart des Sprechens und Denkens leben die Erfahrungen von Jahrhunderten weiter. Was gewesen ist, kommt immer wieder zur Sprache und wird von vielen Seiten beleuchtet. Der Ablauf der Zeit ist gegliedert durch den jahreszeitlichen Wandel, in dem jeder Monat seine eigenen Farben, Düfte, Früchte, Aufgaben hat, und die regelmäßig wiederkehrenden kirchlichen und weltlichen Feste und Feiertage. Das Zusammenleben und die Stellung des einzelnen sind in Jahren und Jahrzehnten gewachsen. Das alles führt zu Überschaubarkeit und Verläßlichkeit.
Die Dorfstraße ist Begegnungsort. Wenige Worte, ja nur ein Blick genügen, um das Vertrautsein durch Jahre hindurch anklingen zu lassen. Jederzeit kann ein Gespräch entstehen, man hat Zeit. Die Beziehungen sind nicht oberflächlich, sondern mit jedem andern hat man in einer eigenen Weise zu tun. Der andere ist nicht ein austauschbarer Funktionsträger, sondern gerade im Alltag, bei der Arbeit Mitmensch. Jeder hat sein Gesicht, mit Vorzügen und Schwächen. Eine gute Dorfgemeinschaft ist ein lebendiger Organismus, der den einzelnen tragen kann. Wegen der Nähe der Menschen kommt es zwangsläufig öfters zu Schwierigkeiten, wenn unterschiedliche Interessen und Ansichten zusammentreffen. Die Notwendigkeit jedoch, einen für den einzelnen und die Gemeinschaft tragbaren Mittelweg zu finden, gehört zu den Vorzügen des Dorfes.

Der Wandel. Die Bevölkerungsstruktur hat sich seit dem zweiten Weltkrieg stark verändert. Die Zahl der Bauern ist ständig rückläufig. Der Anteil der Bewohner, die aus anderen Gegenden zugezogen sind, nimmt rasch zu, ebenso der Anteil der Berufstätigen, die außerhalb des Ortes arbeiten. Beinahe jedes Dorf hat ein Neubaugebiet, manche Orte sind regelrecht gespalten in eine alte und eine neue Hälfte. Der Zuzug zu vieler Menschen in zu kurzer Zeit hat die Dorfgemeinschaft vor unlösbare Probleme gestellt. Im Extremfall ist das

Dachlandschaft

Im Bauernhof

St. Ilgen im Winter

Dattingen

Buggingen mit ehemaligem Kalibergwerk

Hohlweg bei Betberg mit Blauen

Dorf nur noch Wohnplatz von aneinander nicht interessierten Menschen. Manche haben Arbeit und Freundeskreis außerhalb ihres Wohnortes. Andere sind aufs Land gekommen, um von niemandem gestört zu werden und in unberührter Natur zu leben. Daß sie mit ihren Neubauten ein Stück der Ländlichkeit zerstören, ist ihnen oft ebensowenig bewußt wie die Tatsache, daß ein Dorf vom Miteinander lebt.
Auch im Dorf zeigt sich der eigenartige Verlust von Raum, Zeit und Beziehungen.
Durch die vergrößerte Beweglichkeit können wir beinahe jederzeit an jedem Ort sein. Wir wechseln unseren Aufenthaltsort viel häufiger, als das die Menschen früher taten. Dadurch hat der einzelne Ort an Bedeutung verloren. Noch nicht ganz da, sind wir in Gedanken schon wieder fort. Es fehlt uns das gemächliche Hingehen, das langsame Fortgehen, das Gelegenheit gibt, vor- und nach-zudenken.
Ähnlich ist es mit der Zeit. Durch die Beweglichkeit und die Reizflut gibt es kaum noch Stunden und Tage, die gleichmäßig dahinfließen und besondere Ereignisse, die Höhepunkte in diesem Gleichmaß darstellen. Es ist immer etwas los. Die Zeit ist ein großer Brei geworden. Ihre Gliederung durch Werk- und Sonntage ist weitgehend aufgehoben. »Vielleicht schwindet, stirbt die Zeit deshalb wie ein Geschöpf, weil der Mensch keine Zeit mehr hat und sich keine Zeit mehr für Wesentliches nimmt, so verkümmert sie wie ein Organ, das nicht benützt wird ... Übrig bleibt die wertelose, die wertlose Zeit, die als leere Dauer im Nichts verläuft.« (Paul Hübner)
Ähnlich ergeht es den zwischenmenschlichen Beziehungen. In der Hastigkeit, die unseren Lebensrhythmus bestimmt, ist der andere um so besser, je reibungsloser er darin funktioniert, wozu ich ihn brauche. In sein Gesicht zu sehen, etwas von seinem Innenleben herüberkommen zu lassen, dazu ist keine Zeit mehr. Die Beziehungen werden flüchtig, unverbindlich, austauschbar.
Die Beständigkeit der räumlichen Umgebung, die Gliederung der Zeit und intensive zwischenmenschliche Beziehungen gehören aber zum Wesen von Dorf und Heimat.

Die Zukunft des Dorfes. Es wird viel davon gesprochen, daß die Probleme unserer Zeit nur global gelöst werden können, in Verantwortung für den gesamten »Organismus Erde«. Das erfordert ein Bewußtsein, dem die ganze Erde als Heimat lieb ist, und eine behutsame Lebensweise, die ständig auf die Zumutbarkeit für die Umwelt überprüft wird. Die Entwicklung von Heimatfähigkeit ist im Dorf besonders gut möglich. Das kindliche Erleben blühender Wiesen, mächtiger Bäume, der Abendstille im Dorf bestimmen schon wesentlich den Reichtum späterer Empfindungen. Im Erlebnis, wie der Bauer mit seinen Geräten umgeht, entsteht eine innige Beziehung zum Ding. In der ständigen Begegnung mit einer überschaubaren Zahl von Menschen wachsen dauerhafte zwischenmenschliche Beziehungen. Anhand der Naturgeschehnisse im dörflichen Lebensraum entwickelt sich eine Beziehung zur Natur insgesamt. Diese Beziehungsfähigkeit sollte das Dorf als »Nische in der Industriegesellschaft« bewahren und weitergeben.
Einer behutsamen Lebensweise kann das alte bäuerliche Sparsamkeitsprinzip als Vorbild dienen. Aus der Notwendigkeit, alles sparsam zu verwenden, mehr noch aus der Ehrfurcht vor den Gaben der Schöpfung wurde alles seinen Möglicheiten gemäß genutzt und nichts verschwendet.
Unter den verschiedensten Gesichtspunkten betrachtet, zeigt sich das Dorf als Lebensform mit großer Zukunft.

Frühlingsblüte in der Staudengärtnerei Gräfin von Zeppelin in Laufen

Kartoffelernte bei Güttigheim

Der Schäfer und seine Herde ziehen durch's Dorf

Müllheim vom Zielberg

Vom Weinbau

Das Landschaftsbild der Vorbergzone wird durch den Weinbau geprägt. Er ist wichtigster landwirtschaftlicher Erwerbszweig und erfordert trotz wachsender Mechanisierung ein hohes Maß an Handarbeit.

Das Sortenspektrum ist eines der vielfältigsten in Deutschland. Zwei Sorten stehen mengenmäßig ganz im Vordergrund. Der Gutedel, vor etwas mehr als 200 Jahren durch den Markgrafen Karl Friedrich vom Genfer See ins Markgräflerland gebracht, steht auf 40–50 % der Rebfläche. Er ist die Markgräfler Spezialität, in keinem anderen deutschen Weinbaugebiet kommt er in nennenswertem Umfang vor. Die zweite Hauptsorte ist der Müller-Thurgau mit einem Drittel der Rebfläche, die verbreitetste Sorte Deutschlands. Aus beiden entstehen leichte, bekömmliche Weine, die gerne als »Viertele« getrunken werden. Mehr als zehn weitere Sorten werden angebaut, von denen viele, allen voran die Erzeugnisse der Traminer- und Burgunderfamilie, als hochwertige Prädikatsweine auf den Markt kommen.

Sichtet man die Fachliteratur über den deutschen Wein, dann findet man den Markgräfler nur selten unter den Spitzenweinen aufgeführt. Ob er deshalb so stiefmütterlich behandelt wird, weil er zum größten Teil im Lande selbst getrunken wird? Meine Erfahrung ist, daß der Markgräfler eines guten Jahrganges von bester Lage unbedingt unter die edelsten Gewächse deutscher Reben einzureihen ist! Schon vor 180 Jahren wußte man dies, wie das folgende Zitat aus den Reiseerinnerungen des dänischen Legationsrates von Eggers (Kopenhagen 1802) belegt: »In dem Oberlande bringen einige Striche einen überaus lieblichen und dabei geistigen Wein, der zu den besten Deutschen Weinen gehört, hervor. Man nennt ihn Markgräfler. Er hat fast den Vorzug vor dem Rheinwein, wenn dieser nicht alt und von ganz ausgezeichnetem Jahr ist; denn der Markgräfler hat nicht die Säure des Rheinweines, die unserem nordischen Magen selten behagt.«

Die Rebe gehört zu den landwirtschaftlich genutzten Pflanzen, die der intensivsten Pflege bedürfen. Um ein Hektar Reben zu bewirtschaften, sind pro Jahr mindestens 800 Arbeitsstunden erforderlich, wovon etwa ein Drittel auf die Lese entfällt. Mehr als 25mal muß der Winzer im Jahreslauf an einem Rebstock arbeiten, damit Trauben geerntet werden können. Wie sieht ein Arbeitsjahr im Weinberg aus?

Nach der Lese werden die Hilfsmittel für den »Vogelschutz« eingeholt. Damit sind Vogelscheuchen, Knallapparate und Netze gemeint, die die Trauben vor den Vögeln schützen sollen. Wenn das Laub abgefallen ist, beginnt ab November das Rebenschneiden. Bis auf ein oder zwei Bögen wird das Fruchtholz des vergangenen Jahres zurückgeschnitten. Es ist eine verantwortungsvolle Tätigkeit, denn durch die Güte und die Zahl der Augen der verbleibenden Ruten werden die Qualität und der Ertrag des kommenden Herbstes wesentlich beeinflußt. Der Zeitaufwand für diese Arbeit ist unter anderem davon abhängig, mit wie vielen Ranken sich der einzelne Stock am Drahtrahmen festklammert, was von Sorte zu Sorte unterschiedlich ist. Die abgeschnittenen Ruten werden entweder gehäckselt und verrotten in den Rebgassen, hinausgeschleift und verbrannt, oder zu Rebwellen gebündelt. Das ist die alte Form, der man wieder zunehmend begegnen kann. Mit den Rebwellen werden die Feuer in den Kachelöfen unterhalten, die den Wohnstuben der alten Bauernhäuser eine besondere Behaglichkeit verleihen.

Im Frühjahr werden alte, d.h. 20 bis 30jährige Anlagen durch Neuanlagen ersetzt. Die Rebstöcke werden möglichst lange stehen gelassen, da bei den alten Pflanzen die Qualität besser und der Ertrag ausgeglichener ist. Die Rebstöcke, die Pfähle und der Drahtrahmen werden abgeräumt. Der Boden wird mit einem großen Pflug tief umgepflügt (»rigole«). Neue Pfähle werden in den Boden gerammt (»stickle«) und junge Reben gepflanzt. Sie sind an der Veredelungsstelle zum Schutz gegen Verdunstung mit einer Wachsschicht überzogen. Später werden die Pfähle einer Reihe mit mehreren Drähten in verschiedener Höhe verbunden. Im Markgräflerland hat sich die sogenannte Drahterziehung durchgesetzt, nur vereinzelt gibt es noch die Einzelstockerziehung. An den unteren Drähten werden die Ruten nach dem Schnitt befestigt (»abinde«).

Im April beginnt die Bodenbearbeitung. Früher war das Schönheitsideal des Winzers, daß kein Grashälmchen in den Reben wachsen sollte. Der Boden wurde von Hand mit dem »Karst« bearbeitet, einer 2 bis 3zinkigen Hacke. Er ist Symbol im Wappen mancher Winzergemeinde. Das war zu Zeiten möglich, als eine Arbeitskraft eine viel kleinere Fläche zu bewirtschaften hatte. Heute wird ein bedeutender Teil der Arbeit maschinell geleistet. Der Schmalspurschlepper ist zum unentbehrlichen Helfer des Winzers geworden. Bei der offenen Form der Bodenbearbeitung muß der Boden 3 bis 4mal gelockert werden. Immer stärker jedoch setzt sich die geschlossene Form durch, bei der eine Grünfläche entsteht. Bevorzugt werden stickstoffbildende Pflanzen (»Leguminosen«), die als »Gründüngung« Handelsdünger einsparen helfen. Weitere Vorteile sind eine Verringerung der Bodenerosion durch Wind und Wasser sowie die Ausbildung eines tierisch-pflanzlichen Ökosystemes, wodurch die Monokultur eines Weinberges weniger anfällig für Schädlinge wird. Dieser »Rasen« muß 4 bis 6mal »gemäht« werden (»mulche«). Bei beiden Formen der Bodenbearbeitung ist die Grasnarbe, die bei der Bewirtschaftung mit dem Schlepper unter den Stöcken stehenbleibt, ein Problem. Meist wird hier das Unkrautwachstum chemisch verhindert. Teurer und arbeitsaufwendiger ist das mechanische Unterstockmulchen. Von vielen Winzern wird es bereits durchgeführt, um auf Gift verzichten zu können.

Zwei weitere Aufgabenbereiche führen den Winzer mit seinem Schlepper in den Weinberg. Dabei dürfen die Böden nicht zu naß sein. Sonst würde das Gewicht des Schleppers zu einer Bodenverdichtung führen, die dem Weinstock schadet. 2 bis 3mal muß Dünger gestreut werden. Mitte Mai beginnt der Pflanzenschutz. Es werden 6 bis 8mal Schädlingsbekämpfungsmittel gespritzt, um das Überhandnehmen von tierischen Schädlingen, z.B. Rote Spinne und Heuwurm, oder von Pilzkrankheiten wie Peronospora, Botrytis oder Mehltau zu verhindern. Dünger und Spritzen sind ins Kreuzfeuer der Kritik geraten. Ersteres u.a. wegen hoher Nitratwerte im Grundwasser, letzteres wegen der zunehmenden Umweltvergiftung, zu der auch die Landwirtschaft einen Beitrag leistet. Sicher kann man von den landwirtschaftlichen Betrieben nicht verlangen, von heute auf morgen

Markgräfler Gutedel weiß und rot. Blick durch das Refraktometer.

Bei der Weinlese in Müllheim

auf diese chemischen Hilfsmittel zu verzichten und damit ihre Existenz aufs Spiel zu setzen. Es sind aber vielfältige Versuche notwendig, die Mengen zu reduzieren und, wenn möglich, durch andere Methoden zu ersetzen. Das Markgräflerland darf stolz sein auf Vorreiter wie Wendelin Brugger in Laufen, der auf dem Gebiet des biologischen Weinbaus wertvolle Pionierarbeit geleistet hat und leistet!

Während die Weinberge aus der Ferne noch bis in den Juni hinein ziemlich kahl aussehen, hat sich am einzelnen Rebstock schon viel getan. Bereits ab März zeigen sich die ersten Anzeichen des Wachstums. An den Schnittstellen bilden sich Tropfen: »d'Rebe hüle« oder »bluete«, und die Fruchtaugen kommen »in d'Wulle«. Die Rebenknospe vergrößert sich zum »Brumm«, aus dem sich die Triebe entwickeln. Ab Mitte April bis Anfang Mai entfalten sich die ersten Blättchen. Werden die Schosse länger, zeigen sich bald die Rispen, aus denen sich später die Trauben entwickeln. Sie werden »Söme«, bis zur Blüte auch »Gescheine« genannt. Ende Juni ist die Zeit der Rebenblüte. Die Blüten sind unscheinbar klein, doch verströmen sie einen herrlichen betäubenden Duft. An warmen Tagen sind die Weinberge und die Dörfer in ganze Duftwolken eingehüllt.

Mit dem Sprossen der Triebe beginnt die Laubarbeit. Geiztriebe, Kümmertriebe und überzählige Triebe werden entfernt. Erreichen die Triebe eine Länge von etwa einem halben Meter, werden sie in den Drahtrahmen gesteckt (»schoppe« oder »hefte«). Das rasche Wachstum wird reguliert, indem die Triebspitzen (»Gipfel«), zunehmend maschinell, eingekürzt werden (»gipfle« oder »stutze«). Insgesamt wird die Laubwand 6 bis 8mal bearbeitet, oft von der Winzerin. Sie leistet neben der Hausarbeit einen großen Teil der Rebarbeit und verdient unsere Bewunderung!

Im September wird es ruhig in den Weinbergen. In spätsommerlicher Hitze reifen die Beeren. Um unerwünschte zwei- und vierbeinige Freunde der süßen Kostbarkeiten fernzuhalten, werden die Weinberge geschlossen, und Winzer versehen die Rebhut. Früher quartierten sich die Rebhüter (»Bammert«) in den Rebhäuschen (»Bammerthüsli«) ein. Heute dienen diese den Winzern und Wanderern als Unterstand.

Ende September bis Anfang Oktober ist der Beginn der Weinlese (»Herbste«). Früher kamen vom Schwarzwald die »Herbstermaidli« herab, die bis zum Ende der Lese auf den Bauernhöfen wohnten. Manch eine ist »hängengeblieben« und Winzerin geworden. Nicht nur für die Winzersfamilie selbst, sondern auch für die Helfer aller Generationen von nah und fern ist das Herbsten ein Höhepunkt im Jahreslauf. Es lebt etwas auf von der alten bäuerlichen Art des Erntens, in der sich Mühsal und Schweiß mit der Freude am gemeinsamen Tun verbinden, in der Arbeit zum Fest wird. Gewiß erfordert es viel von der Winzerin, Tag für Tag bis zu 20 Personen mit Speis' und Trank zu versorgen. Gewiß hat der Winzer manche sorgenvolle Stunden, wenn es gar nicht aufhören will zu regnen, oder wenn Menge und Mostgewicht zu wünschen übrig lassen. Doch keiner möchte diese besonderen Wochen missen.

Vieles hat sich gewandelt. Statt mit Rebmessern (auch sie sind in vielen Wappen zu sehen) schneidet man die Trauben mit »Rebscherli« ab und gibt sie nicht mehr in hölzerne »Örgeli«, sondern in leichtere und hygienischere Plastikeimer. Das Lesegut wird nur noch selten im »Büggi« auf dem Rücken aus den Reben getragen, meist wird es mit dem Schlepper oder mit Schubkarren hinausgefahren. Auch stehen nicht mehr die Büttenen aus Holz auf alten Leiterwägen, sondern Plastik- und Edelstahlbottiche auf modernen Anhängern. Und daheim oder im Winzerkeller wartet nicht mehr die auf tierische oder menschliche Kraft angewiesene Trotte, sondern elektrisch betriebene Pressen holen den Most aus den Trauben. Doch vielerorts gleichgeblieben ist das frohe Miteinander, mit

Beim Müllheimer Weinmarkt

langen Gesprächen und mancher lustigen Rauferei. Ein witziger Spruch erntet noch immer einen Lacherfolg, und sieht einer, daß ein Herbstermaidli einen »Triebel« hat hängenlassen, dann darf er nach wie vor von ihr ein »Schmützli« fordern. Auch heute schmeckt das Mittagessen im Weinberg besser als jedes Festessen, und abends beim gemütlichen Hock im Haus der Winzerfamilie, wenn die »Ziebelewaihe« dem Gaumen schmeichelt und der »Neue« schon manchen Neuling mit vielfältigen Wirkungen überrascht hat ..., ist die Fülle der Gastfreundschaft überwältigend. Auch in der Wegwerfgesellschaft gilt das alte bäuerliche Prinzip der Sparsamkeit, wenn beim »Etzne« nachgesehen wird, ob Trauben hängengeblieben sind, oder wenn nach der Lese die unreifen »Wintertroler« eingeholt werden, oft wird ein guter Faßwein daraus.

Der Vollernter, eine automatische Erntemaschine steht vor der Tür, um eine der letzten derartigen Arbeiten wegzurationalisieren. Doch hoffe ich, daß den Winzern und »Herbsterlüt« das Herbsten so lieb und die wirtschaftlichen Zwänge so begrenzt bleiben, daß sich diese Maschine nicht durchsetzen kann!

Blick ins Weilertal mit Badenweiler und dem Blauen

Mundart und Dichtung

»Hochdütsch, sell sin gsägti Bretter, d'Mundart isch e Wald im Saft«. Mit diesem Bild beschrieb Hermann Burte in seinem Gedichtband »Madlee« den Unterschied zwischen der Hochsprache und dem Dialekt. Er zeigte damit auf, daß die Hochsprache aus der Mundart entstanden ist und etwas von ihrer Lebendigkeit und Frische verloren hat. Im Gegensatz zur Hochsprache haben sich die Mundarten im alltäglichen Leben der einfachen Leute gebildet. Sie haben eine intime Nähe zum Innenleben der Menschen und können oft allein durch Klang und Melodie ausdrücken, was die Hochsprache mit Wörtern umschreiben muß.

Ob das Hochdeutsch auch weiterhin Nachschub aus dem Mundartenwald bekommen wird, ist fraglich. Bis vor kurzem sah es jedenfalls so aus, als würde diese Quelle versiegen. Die Sprachvermischung im Gefolge des 2. Weltkrieges, die vergrößerte Mobilität und nicht zuletzt ein Minderwertigkeitskomplex hatten die Mundart an das Existenzminimum gebracht. Doch inzwischen hat man ihren Wert als Teil der Identität wiedererkannt. Man ist sogar wieder stolz auf sie, die eine Zeitlang von manchen als Sprachmittel der Unbeholfenen betrachtet wurde.

An der Markgräfler Mundart wird deutlich, wie sehr Umwelt, Mensch und Sprache in Beziehung zueinander stehen. Sie ist wie die vielen Tage im Jahr, an denen das Land von einem sanften Dunst bedeckt ist. Das zeigt sich am »ch«, dem rauhen Charakterlaut der alemannischen Sprache. Er klingt hier viel weicher als in der benachbarten Schweiz. Die Beziehung zu Lebewesen und Dingen läßt sich an der Verkleinerungssilbe »li« wie in »Tierli« verdeutlichen. Wird sie hochdeutsch ausgesprochen, hat sie einen harten Klang und führt zu Distanzierung und Verniedlichung. Alemannisch ausgesprochen, ist das »i« ein halbes »e« und tönt ganz anders: Es zeigt an oder stellt her ein inniges Verhältnis zum Angesprochenen. Ernsten und unangenehmen Sachverhalten wird durch diese Silbe die Spitze genommen. Allein sie ermöglicht es schon, Mitgefühl und Wärme auszudrücken.

Wem das Alemannisch fremd ist, dem fällt es schwer, sich der Markgräfler Mundart zu nähern. Ich habe es selbst erlebt, da wir daheim nicht alemannisch sprechen und ich es erst im Umgang mit einheimischen Spielkameraden lernen mußte. Manche Worte waren mir zunächst vollkommen rätselhaft, z.B. die »Hirnerschidderig«, die im Zusammenhang mit Unfällen auftauchte. Ich fragte mich immer, was da den armen Hühnern passiert sei. Erst Jahre später kam ich dahinter, daß eine Gehirnerschütterung gemeint war.

Selbst für Einheimische ist es schwierig, sich in das geschriebene Alemannisch zu vertiefen. Die Mundart ist ja keine Schriftsprache; was geschrieben steht, kommt aus dem Sagen. Manche Worte werden erst beim lauten Lesen verständlich. Doch die Mühe, diese »eingefrorenen Laute« zum Klingen zu bringen, lohnt sich!

In der Mundartdichtung des Markgräflerlandes gibt es eine ungebrochene Tradition. Sie beginnt mit Johann Peter Hebel, dessen 1803 erschienenen »Alemannischen Gedichte« Weltliteratur geworden sind. Als bedeutendster alemannischer Dichter seit Hebel wird Hermann Burte angesehen.

Als Beispiel für das Dichtertum in der hier beschriebenen Landschaft möchte ich vorstellen: Ida Preusch-Müller aus Kandern, Lina Kromer aus Obereggenen, Fritz Wolfsberger aus Müllheim und Robert Schlott aus St. Ilgen.

Auf einen Gesichtspunkt möchte ich besonders hinweisen: Ähnlich wie im Brauchtum wird in den Gedichten eine vertraute Nähe zur Natur deutlich. Mit wachen Sinnen wird beobachtet und geschildert. Oft entstehen Freude und Harmonie beim Wahrnehmen der Naturvorgänge. Das eigene Leben wird zu ihnen in Beziehung gesetzt, und Bilder, um die drängenden Fragen des Daseins zu fassen und zu beantworten, werden in Natur und Landschaft gesucht und gefunden. In der bewußten Wahrnehmung, wie sehr die eigene Existenz mit dem kosmischen Geschehen verbunden ist, entsteht ein tiefes Wissen um die Vergänglichkeit. In einem Gedicht wie »Dr Blaue isch gstande« kommt diese Weisheit vollendet zur Sprache.

Beginnen wir mit *Robert Schlott,* einem heute fast vergessenen Dichter. Er lebte von 1865 bis zu seinem Tode 1928 in St. Ilgen. Er besaß einen Bauernhof mit Wiesen, Äckern, Kühen, Schweinen und Hühnern, den Wein von seinen Reben verkaufte er selbst. Aus dieser bäuerlich-dörflichen Welt berichten seine Gedichte, die zum großen Teil in der damaligen Zeitung der Müllheimer Gegend, den »Markgräfler Nachrichten«, veröffentlicht wurden. In ihnen kommt eine tiefe Verwurzelung in Dorf, Bauernstand und Großherzogtum zum Ausdruck. Seine Naturschilderungen zeigen eine gefühlsstarke Beziehung zur heimischen Umwelt. In »D'r Heuet« wird die Mühsal eines Arbeitstages deutlich, der zugleich voller Freude ist, weiß sich doch der Bauer sinnvoll eingebunden in die Kreisläufe der Natur. Hier in der Ernte vom »Vieh si Brot« bis zum »Mist für d'Rebe un für's Feld«. Am Schluß steht ein Dankesfest in dem Bewußtsein, beim Säen und Ernten letztlich ein Beschenkter zu sein. Im Gedicht »Der 1910er Herbst« kommt die bittere Erfahrung einer Mißernte zum Ausdruck: »das Johr chunnt kei Tropfe Wi in d'Faß«. Da wird der Winzer vor die Existenzfrage gestellt: »Wu soll d'r Rebmann s' Geld her neh.« Das zu ertragen, ermöglichen Gelassenheit und Zuversicht aus dem Glauben heraus: »Der gestert g'holfe, hilft au morn«.

Fritz Wolfsberger (1902 – 1959) war ein Müllheimer. Tätig als Leiter der Markgräfler Druckerei, schenkte er seine Liebe Land und Leuten seiner Heimat. Von ihnen handelt seine Dichtung, die sich Hebel verpflichtet weiß. Im zweiten Gedicht seines Bandes »Zwische Blaue un Rhy« mit der Überschrift »An Johann Peter Hebel« heißt es: »Was Du is glehrt hesch, wä-mer witer sage!«. Dazu gehört die Verehrung der Muttersprache. Im Gedicht »Muedersprooch« drückt Wolfsberger aus, wie sehr Mundart ein Teil der Heimat ist. Als Sprache, die ihre Bilder aus der heimischen Natur schöpft und die selbst den Heimatraum eines Menschen mitbildet, indem sie das Wohnen in Beziehung zu einer Umgebung setzt. Und dies in wohltuender Weise: »D'Muedersprooch isch wiene Garte,/ wiene bluemig Gländ um's Huus«. Hebel hat auch die Naturbegegnung gelehrt. Kleine und große Lebewesen werden aus ihrer Unscheinbarkeit hervorgeholt und erhalten Individualität. Das ist die Voraussetzung für die Zwiesprache, aus der ein Gedicht wie »Der alte Nußbaum« entspringen kann. Daß diese Begegnung eine Bereicherung ist,

St. Ilgen im Abendlicht

zeigt die Schlußstrophe: »Drum gang-i gern au zue-nem hi/rueih in sim Schatten us«.

Ida Preusch-Müller (1889 – 1974) wurde in Kandern geboren. Als Frau eines Lehrers lebte sie in verschiedenen Orten inner- und außerhalb des Markgräflerlandes, von 1957 bis zu ihrem Lebensende in Müllheim. 1964 erschien der Gedichtband »Alles, Haimet, isch dy Lied«. Das älteste Gedicht entstand 1909. »An Hermann Burte« schrieb die Zwanzigjährige, nachdem sie eine Lesung des Dichters aus dem Manuskript der »Madlee« erlebt hatte. 1948 wandte sie sich wieder an Burte mit der Aufforderung: »Gang, sing is wie in alte Tage/vum Glück, wo in der Haimet lit«. Das ist eigentlich das Leitmotiv ihres eigenen Schaffens. Ein ständiger Bezugspunkt in dieser Heimat ist der Blauen. Für das Kind, dem man sagt, »hintrem Blaue hör dWelt uf«, oder für den Erwachsenen, dem die Welt »in dem wyte Blick zringsum« vom Blauengipfel erst entsteht. In »Haimet« erkennt die Dichterin das Wesen dieses Begriffes nicht in den einzelnen Elementen der Landschaft, in Menschen, Tieren oder der Sprache, sondern in einer Ganzheit: »S isch kais ellai, s isch alles mitenand«.

Lina Kromer (1889 – 1977) war eine Hellhörige. In einem äußerlich gesehen einfachen und wenig bewegten Leben, das sie in Obereggenen verbrachte, blieb sie aufmerksam für den »Zuspruch des Feldweges«, um das Wort Heideggers aufzugreifen, mit dem sie in Gedankenaustausch stand. Sie konnte die tieferen Strömungen wahrnehmen, die unser Dasein durchziehen. Daß dies nicht abgehoben von der Alltäglichkeit geschah, sondern in sie hineinwirkte, wird deutlich an der Stellung der Dichterin im Dorf. Durch die Arbeit auf dem Bauernhof und in einem kleinen Geschäft, das sie zusammen mit ihrer Schwester betrieb, blieb sie jederzeit in Verbindung mit der Dorfbevölkerung, die sie voll Achtung und Liebe ihre »Gotti« (Patin) nannte. Es gibt wohl keinen Obereggener, der nicht in irgendeiner Weise von der Begegnung mit dieser Frau geprägt ist.
Lina Kromer stellt den vordergründig verstandenen Heimatbegriff in Frage. Dies nicht aus einem intellektuellen Bedürfnis heraus, sondern aus leidvoller Erfahrung. Bei aller Schönheit des Eggener Tales befiel sie manchmal ein Gefühl der Fremdheit und Einsamkeit: »Fremd in dr Heimet«. Es stellt sich ihr die Frage: »Wo bin i ächter/scho vorher gsi?«. Gerade in den schönsten Augenblicken wird die Heimat durchlässig für Antworten auf ihr Suchen. Man ist erinnert an den »Schleier der Maja« in östlichen Weisheitslehren, der durch die

90jährige Markgräflerin

Fülle der Erscheinungen das Echte (»d'Sunneheimet«) verbirgt und der sich für einen visionären Moment der Dichterin aufzutun scheint. Ein anderer Zuspruch des Feldweges (in »Dr Sternehimmel«) zeigt ihr, daß Groß und Klein, daß Mikrokosmos und Makrokosmos eines sind: »E Tropfe Dau/ – /umschließt e ganzi Welt« und »jedi Sunn/jedwede Stern/ – /'s isch Don im gliche Lied«. In einem solchen Bewußtsein treffen sich Ökologie und Religiosität.

Robert Schlott

D'r Heuet

D'r Heuet isch e heißi Zit, do goht's vu früih bis spot
Un trotzdem liebe-n-en doch d'Lüt, er bringt im Vieh si Brot.

Am Morge früih, am Vieri scho, wenn's het e g'hörig Tau,
Do mueß d'r Bur an's Mäihe goh, d'r Kaffi bringt em d'Frau.

Ei Schoore wie die ander lit, die Mähder sin exakt;
Sie nutze us die besti Zit un mäihe flott im Takt.

D'Frau warbt un schüttlets hi un her, un macht das Gras schön breit,
Sie frogt, öb me eis z'trinke gehr, die Mähder bruche Schneid.

Guet dängelet und horscharf g'wetzt, do haut-s-es wie Salat,
Un weme si zuem »Znüni« setzt, se g'schmeckt's eim, 's isch e Staat.

D'Sunne macht au g'hörig heiß, do git's jo nobel Heu,
Zwar chostets menge Tropfe Schweiß doch sell isch einerlei.

D'r Bursmann ästimiert das nit, er isch's vu jung uf g'wohnt,
Un alli schaffe lustig mit, do wird au kei's verschont.

Chuum het z'Mittag me ebbis gnu, se goht's scho wieder los,
s'fahrt menge Wage voll dervu, im Weg un uf d'r Stroß'.

Un s'Herz im Lib tuet lache eim, wenn ohni viel G'scheerei,
Mer jetz so prächtig bringe heim das schön un duftig Heu.

D'Heubühni wird au weidli g'füllt, sie het's jo nötig g'ha,
Doch wenn e Bursmann jetz no schilt, se isch's kei z'fried'ne Ma.

D'r Heustock isch im Bur si Freund, un das mit vollem Recht,
Wenn einer do kei Wert druf leit, se hust er ebe schlecht.

E rieche Viehstand de bringt Geld und Sege eim in's Hus:
's git Mist für d' Rebe un für's Feld, 's zieht alles Nutze drus.

Un wenn d'r Heuet isch vorbei, se wird die Heugaiß g'führt,
Me dankt für all' das schöne Heu, wu eim die Matte g'stürt.

Me isch fidel un froh derbi, das isch im Bur g'wiß gunnt,
Wenn er emol so zwische i au g'nießt e frohi Stund!

Robert Schlott

Der 1910er Herbst

D'r Herbst isch sunst die schönsti Zit;
Doch desmol gohts ganz still,
Verdrießlich sin die meiste Lüt,
Mag froge, wu me will.

Statt daß me Triebel het wie sunst,
Sin dürri Trabe dra,
Un s'isch eim weger fast 'n Chunst,
Daß me ein esse cha.

Wer will's im Bur do übelneh?
Wenn er verdrießlich isch,
Will eim d'r Herbst das Geld sott ge
Un's Trinke uff d'r Tisch.

Doch das Johr chunnt kei Geld ins Hus,
Kei Tropfe Wi in d'Faß,
Im Cheller sieht's ganz trurig us
Und des isch g'wiß kei G'spaß.

Wu soll d'r Rebmann 's Geld her neh,
Wenn eim d'r Herbst ganz fehlt,
Do isch's doch g'wiß kei Wunder meh,
Wenn das ein plogt un quält.

Un weme so an alles denkt,
Wie ume-sunst ma g'schafft,
An's Geld, wume an d'Rege g'hängt,
Do sinkt d'r Mueth un d'Chraft.

D'r Schwefel un d'r Vitriol
Hen dasjahr gar niet g'nutzt,
Un het ma's g'spritzt au siebe-mol
D'r Wurm het allem trutzt.

Was cha ma für 'ne Hoffnig ha,
Für Ussicht uffs nächst Johr?
Das Holz isch sidegrün no dra,
Das isch e großi G'fohr.

Wenns früih thät gfriere, sell wär lätz,
scho lang wird's prophizeit,
Daß d' Rebe an d' beste Plätz
Bal nimmi recht gedeiht.

Doch wirft me d'Flinte nit ins
Chorn,
Me hofft, s'sott besser goh;
Der gestert g'holfe, hilft au morn,
Dem wemers über-lo!

Fritz Wolfsberger

Muedersprooch

Sei's im Ernste, sei's im Zarte,
d'Muedersprooch isch wiene Garte,
wiene bluemig Gländ um's Huus;
do isch grad un offe Meine,
Offebarig usem Reine,
un es redet d'Heimet drus.

Urig, dütsch vor alle Dinge,
hört me us dir useklinge
sufer, klar un bodenooch;
ruchi Schale, weiche Cherne,
un die Chlast nimmsch vo de Sterne,
liebi, gueti Muedersprooch!

Weg un Wiiser git's e menge,
ehrlig rote, due un denke
chunnt ellai us dinre Art;
so, wie's Wasser in der Quelle
isch di Ton e Silberwelle,
de si Ursprung offebart.

Muedersprooch, so isch di Wese:
was du saisch, das isch verjäse,
goht ins Herz un füllt eim d'Seel,
isch e Liecht in dunkle Stunde,
Salbi uf die innre Wunde,
un me goht am End nit fehl.

Fritz Wolfsberger

Der alte Nußbaum

Es grüeßt e Baum ins Tal, ins Land,
er stoht am hoche Rai;
der mächtig Stamm e edel Holz,
der Dolder trait er hoch un stolz,
do stoht er ganz ellai.

Er isch der Vogt, der Heer im Tal
un Wächter no derbi.
Es git kei schön're wit un breit,
no kein het sone Chrone trait
vom Blaue bis an Rhy.

E Wunderwerk isch jede Nast,
im chleinste Zwiigli gsund,
un stoht doch scho wohl hundert Johr
in Chälti, Hitz un Wettergfohr
do ufem alte Grund!

Wenn-em der Wind der Dolder striicht,
das gilt-em wiene Schmutz,
un tribt's der Wind au mengmol z'bunt,
er zenzlet bis er wieder chunnt,
sin beid sich z'lieb un z'nutz.

Er isch der Vogt in unsrem Tal,
der Schönst, der Höchst, der Best!
Us diefen Odre schöpft er Saft,
im Heimetbode holt er d'Chraft
un haltet sich dra fest.

Drum gang-i gern au zue-nem hi,
rueih in sim Schatten us;
dört het die Zyt e andre Schlag,
in stillen Ufer goht der Dag,
me isch us allem drus!

Nußbaum bei Güttigheim

Ida Preusch-Müller

Der Blaue

Wie ne Wächter, ernscht un mächtig,
stoht der Blauen übrem Land,
lockt, wenn d Sunne schiint un dräuet,
schwärzt en geech e Wetterwand.

Menggmol luegt der Gipfel einsam
us em schleierzarte Saum
vo de wyße Nebelwolke.
Dick verhüllt sin Tal un Baum.

Wenn im Sinke d Obesunne
hinter de Vogese glüeiht,
schimmeret un prangt sy Mantel
rot, wie wenn der Haidel blüeiht.

Wie mängg tausig Johr scho luegt er
in sym dunkelgrüene Chlaid
über s Land her, über Zyte,
Chrieg un Fride, Freud un Laid.

Chenn en jo vo alle Syte,
alli Weg bini duruf,
weme mer als Chind au gsait het,
hintrem Blaue hör d Welt uf.

Nai, dört isch si mer erscht worde,
in dem wyte Blick zringsum.
Berg un Täler, Rhii un Alpe –
s Herz goht uf un s Muul wird stumm.

Schiine drüber Mond un Sterne,
schloft der Berg, vom Tag so müed.
Liisli singts dur Nacht un Stilli.
Alles, Haimet, isch dy Lied.

Tannenkirch mit dem Blauen

Ida Preusch-Müller

Haimet

E Zauber lit um das, was Haimet isch,
wo men am tiefschten ihri Seel erlebt,
wo me der Gaischt cha gspüüre, wiener dört
im Volk un in der Landschaft waiht un webt.

Gar haimli spannt e Fee ihr Zaubernetz.
Si spinnt so fiin, kai Menschenaug chas seh.
Si spannts vom Blauen abe bis an Rhii,
dueht alles, was aim lieb isch, drunter neh.

Ischs d Haimetsprooch? Der Muetter ihre Lied?
De Dichter un de Moler ihri Werk?
Der Maischter in der Werkstatt, s Roß am Pflueg?
Der Hochwald, wonis Wagle schenkt un Särg?

S chönnt au der Rebberg sy un s Ährifeld,
der Blick vo uuse Berge wyt ins Land,
das haimli Schnuufe in der stille Nacht.
S isch kais ellai, s isch alles mitenand.

In allem, was dä Zauber in sich bschließt,
stohsch du un blybsch au dyner Lebtig drin.
Goht au dy Fueß in d Fremdi, seigs, wo s well,
trait doch dy Herz all d Haimet in sich inn.

Lina Kromer

Fremd in dr Heimet

Fremd in dr Heimet!
Chasch du's verstoh?
Ellei bi viele,
wie soll das goh?

Wo ghöri ane,
wo tribt's mi hi,
wo bin i ächter
scho vorher gsi?

I chenn kei Richtig,
i weiß kei Weg,
hör näume Wasser
un find kei Steg,

un mueß doch drüber,
mag's goh wie's will,
i hör doch riefe,
wenn alles still.

I hör's am beschte,
wenn d'Vögel göhn,
wenn d'Luft so bsunder
un all's so schön.

No hööri 's Rusche
viel nöcher cho,
sieh 's Liecht vo däne,
hör d'Fähri scho.

Alpenblick von der Kaltenherberge

Lina Kromer

Dr Sternehimmel

Dä isch so hoch,
dä isch so wit,
so unusdenkbar groß;
un was no all's
derhinter lit!
Unzellt's im Welteschoß!

E jedi Sunn,
jewede Stern,
was halt dört obe zieht,
das golde Gsöm,
die goldni Ärn,
's isch Don im gliche Lied,

das lut un lis
in jedem Ding
do unte chlingt in schwingt,
das so insgheim
was groß un gring
lebändig zemme bringt.

E Tropfe Dau,
wo näume fallt,
e Scholle duß im Feld,
die um e Chorn
sich gründig ballt,
umschließt e ganzi Welt.

Drum isch nüt groß,
drum isch nüt chlei,
was du e so erchennsch,
doch aß es isch,
weisch du ellei,
un alles spieglisch, Mensch.

Lina Kromer

Dr Blaue isch gstande

Dr Blaue isch gstande
lang, lang öb ich gsi,
dä stoht, wenn ich nümmi,
scho lang nümmi bi.

Dr Wind in de Bäume,
er chrüslet un dost,
un's Wasser ruscht näume,
wenn niemesmeh lost.

Die bluemige Matte
sin tauig un schön,
wenn mir wie Schatte
verwaihe, vergöhn.

Blick vom Hagschutz im Eggener Tal zum Schloß Bürgeln

St. Cyriak in Sulzburg

Architektur

Die Architekturgeschichte des nördlichen Markgräflerlandes hat einige Höhepunkte aufzuweisen, an erster Stelle Schloß Bürgeln. Das größte Kunstwerk ist jedoch das Land als Ganzes mit seinem in Jahrhunderten gewachsenen Zusammenklang der Gebäude in den Ortschaften und der Dörfer und Städte mit der Landschaft. Erst die letzten Jahrzehnte haben mehr und mehr Mißtöne eingebracht.
Als architektonische Elemente seien die Kirchen, Schlösser, Häuser und Rebhäuschen dargestellt.

Die Kirchen. Das älteste erhaltene Bauwerk ist die Klosterkirche St. Cyriak in Sulzburg. Als dreischiffige ottonische Basilika wurde sie 993 erbaut. Damals hatte sie noch zwei Apsiden. In der westlichen wurde 1005 der Breisgaugraf Birchtilo begraben, der Stifter der Kirche. Im 11. Jahrhundert wurde die weltliche Gemeinde immer mächtiger und beanspruchte zunehmend Raum in der Kirche, den ihr das Kloster gewähren mußte. Als äußerlich sichtbares Zeichen dafür errichteten die Sulzburger in der 2. Hälfte des 11. Jahrhunderts an Stelle der Westapsis einen Turm.
Im selben Jahrhundert gab es im hinteren Kandertal das wohlhabende Geschlecht der Herren von Kaltenbach. Im gleichnamigen Dorf errichteten sie um 1055 eine Kirche, deren Turm vermutlich der älteste am Oberrhein ist. In seinem Glockengeschoß finden sich romanische Arkaden mit Sandsteinsäulen. Das Schiff stammt aus dem 18. Jahrhundert.
Viele Kirchen haben die charakteristischen wehrhaften Türme mit Satteldach, die in Kriegszeiten der Bevölkerung Schutz boten. Meist sind es Westtürme. Nur in wenigen Orten, z.B. in Hügelheim, Feldberg und Tannenkirch, stehen sie im Osten. Sind sie romanischen Ursprungs, weisen sie zum Teil noch Tonnengewölbe auf, zu sehen in Betberg, Müllheim (St. Martin) und Niedereggenen. An allen Kirchen, die ins Mittelalter zurückgehen, sind gotische Stilelemente zu finden. Das bedeutendste Bauwerk dieser Epoche ist die Kirche von St. Ilgen. Sie enthält romanische Elemente, wurde jedoch im wesentlichen in der 2. Hälfte des 13. Jahrhunderts erbaut. Als Besonderheiten hat sie einen einseitigen Staffelgiebel und einen feinen kreuzrippengewölbten Chor.
Im Inneren sind die mittelalterlichen Kirchen schmucklos. Nach der Reformation 1556 wurden die Altäre und Figuren weggegeben oder auf den Speicher gestellt und die Wandmalereien übertüncht. Reste dieser Malereien sind seit Ende des letzten Jahrhunderts wiederentdeckt und freigelegt worden. Sie stammen meist aus der Mitte des 15. Jahrhunderts. Besonders

In der Kirche von Niedereggenen

gut erhalten sind sie in Niedereggenen, Blansingen und Hügelheim. Die kleine Kapelle der Lieler Kirche weist die wohl farblich schönsten und zartesten Bilder auf.

Die Jahrhunderte nach der Reformation haben wenig verändert. Insbesondere blieb die Barockisierung, wie wir sie in katholischen Gegenden finden, gänzlich aus. Barocke oder barockisierte Kirchen finden wir nur in Kirchen außerhalb der alten Markgrafschaft, z.B. in Schliengen und Bad Bellingen.

Manchmal machte ein Anwachsen der Gemeinde Umbauten oder Neubauten erforderlich. Nach der Erhebung zur Stadt 1810 wurde in Kandern die evangelische Kirche neu erbaut. Die Pläne stammten vom großherzoglichen Architekten Weinbrenner (1766 – 1826). Die 1827 eingeweihte Kirche ist eines seiner letzten Werke. Weitere Bauten des 19. Jahrhunderts, so in Sulzburg (Stadtkirche), Laufen und Auggen, sind vom klassizistischen Weinbrennerstil geprägt.

Die Kriege haben an den Kirchen vergleichsweise geringe Schäden angerichtet. Zu den Ausnahmen gehört die einstige Freie Reichsstadt Neuenburg mit ihren Kirchen, eine Zähringergründung. Wegen ihrer strategisch wichtigen Lage am Rhein wurde sie immer wieder dem Erdboden gleichgemacht. Das zeigt die Geschichte der

Wandmalereien (15. Jahrhundert) in der Kirche von Liel

Heilig-Kreuz-Wallfahrtskapelle. 1398 erstmals erwähnt, wurde sie mehrmals, zuletzt im 2. Weltkrieg, zerstört. 1964 wurde sie im Stil der alten Kapelle vom Anfang des 18. Jh. wieder aufgebaut.

Die Schlösser. Bedeutende weltliche Gebäude aus dem Mittelalter sind nicht erhalten geblieben. Die Burg Baden wurde ebenso wie die Sausenburg 1678 von den Franzosen zerstört und danach nicht wieder hergerichtet. Das markgräfliche Residenzschloß in Sulzburg, aus dem 16. Jh. stammend, ist zum größten Teil verschwunden.

Schloß Bürgeln

Die Südzimmer

Schloß Bürgeln ist kein weltliches Schloß. Schon lange hatte auf dem Bürgelnberg eine Kirche gestanden, als das Kloster St. Blasien 1125 dort eine Probstei einrichtete. So wünschte es Wernher von Kaltenbach, ein Nachfahre der Erbauer der Kaltenbacher Kirche. Er hatte seinen gesamten Besitz, darunter den Bürgelnberg, dem Kloster vermacht und war Mönch geworden.
Verwüstungen in Kriegszeiten und Brände richteten immer wieder schweren Schaden an. 1762 ordnete der Fürstabt Meinrad Troger einen völligen Neubau an. In elegantem Rokokostil entstand das Schloß in seiner heutigen Form. Es waren die Jahrzehnte vor seiner Auflösung 1803, in denen das Kloster St. Blasien, eine der bedeutendsten Institutionen Süddeutschlands, auf dem Höhepunkt seiner Macht stand. Das zeigt auch die Innenausstattung, die im wesentlichen auf Trogers Nachfolger Martin Gerbert zurückgeht. Seit 1920 ist das Schloß im Besitz des Bürgelnbundes.
Es wird zu recht »Wahrzeichen des Markgräflerlandes« genannt. Von vielen Tälern und Bergen aus ist es zu sehen. Vom Eggener Tal, von der Eckt zwischen Liel und Mauchen oder vom Sausenhard zwischen Tannenkirch und Mappach, vom Kanderner Böscherzen, vom Bergfried der Sausenburg oder vom Blauengipfel aus betrachtet:

Brunnen vor Schloß Entenstein in Schliengen

Hauseingang in Liel

Barockes Bauernhaus in Feldberg

Staffelgiebelhaus in Laufen

Immer erscheint es als reizvolles Kleinod. Entsprechend großzügig ist der Blick vom Schloß in die Täler, die Rheinebene und zu den Vogesen, an seltenen Tagen sogar bis zu den Alpen. Die Räume haben in ihren eher bescheidenen Ausmaßen die Gemütlichkeit von Bauernstuben. Das Schloß ist wie ein verfeinertes, ins Herrschaftliche gesteigertes Bauernhaus. Hervorgerufen wird der Eindruck des Heimeligen auch durch den reichen Pflanzenschmuck. Die Blütenpracht der Fleißigen Lieschen ist für viele eine Freude. Viele Jahre lang hat die Familie Heinrich Weber keine Mühe gescheut, um Bürgeln den Besuchern in bestem Zustand zeigen zu können.
Weitere Schlösser sind in Schliengen und Liel erhalten geblieben. Das Wasserschloß Entenstein in Schliengen hat eine Geschichte, die bis ins Jahr 1000 zurückreicht. 1975 grundlegend wiederhergestellt, ist es heute Sitz der Gemeindeverwaltung. Baujahr und Erbauer sind ebensowenig bekannt wie beim Lieler Barockschloß. Dieses war einst Sitz der Herren von Baden, einem alten breisgauischen Adelsgeschlecht.

Die Häuser. An den Häusern wird der geschichtliche Wandel besonders deutlich. Das Markgräflerland wurde als Grenzland in den Kriegen schwer heimgesucht. Seine Dörfer und Städte waren wehrlos ausgeliefert. Anders als in den gut befestigten Nachbarstädten Basel und Freiburg sind lediglich Bauteile, z.B. Keller aus dem Mittelalter auf uns gekommen. Die ältesten Häuser, die Schwerpunkte ins Bild der Gemeinden setzen, stammen aus der 2. Hälfte des 16. Jahrhunderts. Während in den größeren Städten längst die Renaissance den Baustil bestimmte, war auf dem Land die Gotik noch in Mode. Wohlhabende Familien bauten sich spätgotische Staffelgiebelhäuser. Wir finden sie u.a. noch in Sulzburg (Katharina-Barbara-Apotheke), Laufen und Kandern (Heimatmuseum).
Das Sichtfachwerk als vorherrschende Bauform vor allem des 17. Jahrhunderts ist in fast allen Gemeinden vertreten.
Am nachhaltigsten hat der sogenannte »Ausbaustil« das Aussehen der Dörfer und Städte verändert. In der Regierungszeit des Markgrafen und Großherzogs Karl Friedrich verbreitete sich allgemeiner Wohlstand. Das führte in der Zeit von 1750 bis etwa 1830 zu einem großzügigen Um- oder Neubau der meisten Häuser und Höfe. Es gab eine regelrechte Bauflut, vergleichbar nur der Bautätigkeit nach dem 2. Weltkrieg. Verwendet wurden barocke und klassizistische Stilelemente mit reicher Formenvielfalt im Detail. Sandstein ist das dominierende Material. Aus ihm sind die Treppen, die Tür- und Fen-

Innenhof in Müllheim

stergewänder und die charakteristischen Bögen der Kellereingänge und Hofeinfahrten gearbeitet. Die Schlußsteine und Stürze über den Haustüren tragen die Jahreszahl der Erbauung und die Anfangsbuchstaben der Namen des Besitzerehepaares. Die Dächer sind mit handgestrichenen Biberschwanzziegeln gedeckt, die im Lauf der Jahre durch Witterungseinflüsse und Moosbewuchs ihre unnachahmliche Lebendigkeit erhalten. Die Fenster sind durch Sprossen gegliedert. Erst dadurch kommt die Harmonie der Fassade und die Atmosphäre der Innenräume zustande. Das wird dort deutlich, wo sie später durch einteilige Fenster ersetzt wurden. Das Raumgefühl in den Stuben und Kammern der alten Bauernhäuser, verbunden mit der Gastfreundschaft, haben das Gesicht des Markgräflerlandes mitgeprägt.
Ebenso hat die Bauweise den Außenraum, d.h. Straßen, Plätze und die Landschaft, mitgestaltet. Kirchen, Häuser und Nebengebäude sind die vielfältigen Variationen weniger Grundideen hinsichtlich des Baumaterials und der Proportionen. Die Wirkung der sich wiederholenden Formen auf den Betrachter bestimmt die Eigenart einer Landschaft mit. In dem Maße, wie sich heute die Einheitsbaustile zwischen Schwarzwald und Schleswig-Holstein verbreiten, verlieren auch die Landschaften unwiederbringlich an eigenem Reiz. Wie das Bauen die jeweilige Landschaft, so hat umgekehrt jede Landschaft nur ihr eigene Baustile geformt. Das wird sichtbar an einem Vergleich zwischen den Häusern des Reblandes und den Schwarzwaldhäusern. Im Schwarzwald erzwangen die Witterungsverhältnisse tief heruntergezogene Dächer. Alles war unter einem Dach. Im Winter brauchte der Bauer das Haus nicht zu verlassen, um in den Stall zu gelangen. Im Rebland durfte das Dach kleiner sein. Auf allen Seiten konnten Fenster eingebaut werden. Die Funktionen wurden auf verschiedene Gebäude verteilt: So entstanden Höfe. Im Kandertal wird das deutlich. Während in Kandern, das früher Weinberge besaß, der Reblandtyp vertreten ist, taucht im hinteren Kandertal mit zunehmender Höhe das Schwarzwaldhaus auf.

Die Rebhäuschen. Einen architektonischen Akzent besonderer Art setzen in der Vorbergzone die Rebhäuschen, auch »Bammerthüsli« genannt. Ihr Baustil folgt meist einem Leitmotiv. Die zweistöckigen Häuschen mit quadratischem Grundriß, aus Bruchsteinen gemauert, haben im unteren Geschoß den Eingang auf der Talseite. Im Innern befindet sich eine Feuerstelle für den Bammert. Das Obergeschoß ist nur von der Bergseite her zugänglich. Das biberschwanzgedeckte Dach hat die Form einer Pyramide. Die Gewänder sind aus Sandstein und tragen manchmal eine Jahreszahl und Buchstaben. Die ältesten sind über 200 Jahre alt. Im Gegensatz zu anderen Weingegenden (siehe Württemberg) gibt es hier recht wenige dieser Häuschen. Wahrscheinlich wurden sie so plaziert, daß der Rebhüter einen möglichst guten Überblick über das ihm anvertraute Gebiet hatte. Daß sie durch Form und Lage im Rebberg so eindrucksvoll wirken, spricht für den Geschmack ihrer Erbauer.

Im Herzen von Kandern

Schwarzwaldhaus im hinteren Kandertal

Burg Baden (Badenweiler) bei Sonnenaufgang

Das Markgräflerland und die Markgrafen

Die Herkunft des Markgrafentitels. Der Name »Markgräflerland« weist darauf hin, daß dieses Land einst von Markgrafen regiert wurde. Die Geschichte dieses Fürstenhauses ist kompliziert, weil es immer wieder Erbteilungen gab und einzelne Linien ausstarben.

Die Markgrafen stammen aus der Familie der Zähringerherzöge. Bertold I. († 1078) hatte auch den Titel eines Markgrafen von Verona. Sein Sohn Bertold II. wurde Zähringerherzog, dessen Bruder Hermann I. wurde Markgraf. In der Folgezeit verband sich dieser Titel, losgelöst von der Markgrafschaft Verona, mit Besitzungen am Oberrhein. Eine davon war das Markgräflerland. Wie kamen die Markgrafen in den Besitz dieses Landes?

Die Entstehung des Markgräflerlandes. Nachfahren von Hermann I., die Markgrafen von Hachberg, residierten auf der Hochburg bei Emmendingen. Sie waren Vögte der Probstei Bürgeln, die dem Kloster St. Blasien gehörte. Um ihren Herrschaftsbereich auszudehnen, machten sie 1232 mit dem Kloster einen Tausch: Sie gaben ein Gut in der Rheinebene und erhielten den bewaldeten Sausenberg im hinteren Kandertal. Schon wenige Jahre später, um 1246, stand dort eine Burg. Die Markgrafen nannten sich nun zusätzlich »Landgrafen von Sausenberg«. Das Gebiet um die Sausenburg ist die Urzelle unserer Markgrafschaft.

Einige Jahrzehnte später wuchs dieses Gebiet beträchtlich. Rudolf I. war vermählt mit der Erbtochter der benachbarten Herrschaft Rötteln. Da dieses Haus keine männlichen Erben hatte, wurde er 1311 Mitherr. 1316 starb der letzte Herr von Rötteln, der bedeutende Basler Geistliche Luitold. Die ausgedehnten Besitzungen im unteren Großen und im Kleinen Wiesental fielen an die Markgrafen. Sie machten das Röttler Schloß zu ihrer Residenz und erweiterten es nach und nach beträchtlich. Die Kirche des »Röttler Chilfts« zu Füßen der Burg war eine Zeitlang ihre Grablege.

Verwandtschaftliche Beziehungen sicherten den Markgrafen im folgenden Jahrhundert eine nochmalige Erweiterung ihrer Ländereien. Auf der Burg Baden, dem Sitz der Herrschaft Badenweiler, um 1120 von den Zähringer Herzögen erbaut, residierten die Grafen von Freiburg. Johannes, der letzte dieses Geschlechts, schenkte im Jahre 1444 die Herrschaft seinen beiden Neffen, den Markgrafen Rudolf IV. und Hugo. Die Herrschaften Rötteln und Badenweiler und die Landgrafschaft Sausenberg waren erstmals in einer Hand. 1444 ist das Geburtsjahr des Markgräflerlandes.

Unter den Markgrafen von Baden-Durlach. 1503 starben die Markgrafen von Hachberg-Sausenberg aus. Aufgrund eines Erbvertrages, des Röttler Gemächtes von 1490, fielen ihre Besitzungen einer anderen markgräflichen Linie zu, die auf der Burg Hohenbaden bei Baden-Baden residierte. Auch sie waren Nachfahren der Zähringerherzöge. Unter Christoph I. waren die badischen Stammlande, die Markgrafschaften am Oberrhein, erstmals in einer Hand. Doch da Christoph I. drei Söhne hatte, wurden sie bald wieder aufgeteilt. Bernhard IV. erhielt das Land um Baden-Baden und begründete die Linie gleichen Namens. Ernst erhielt den von den Hachbergern geerbten Teil und erwählte sich Sulzburg zur Residenz. 1533 starb sein Bruder Philipp I. kinderlos und vermachte ihm seinen Besitz um die Residenz Durlach. Ernst verlegte seinen Hof von Sulzburg nach Durlach und begründete die Linie Baden-Durlach. Sein Sohn Karl II. führte 1556 die Reformation durch. Das Markgräflerland wurde evangelisch, während das Umland mit Ausnahme von Basel katholisch blieb, ebenso die Linie Baden-Baden. Von 1599 – 1604 war Sulzburg unter dem Markgrafen Georg Friedrich nochmals Residenz.
Die Markgrafschaft Baden-Durlach hatte also weit auseinanderliegende Teile um das spätere Karlsruhe und

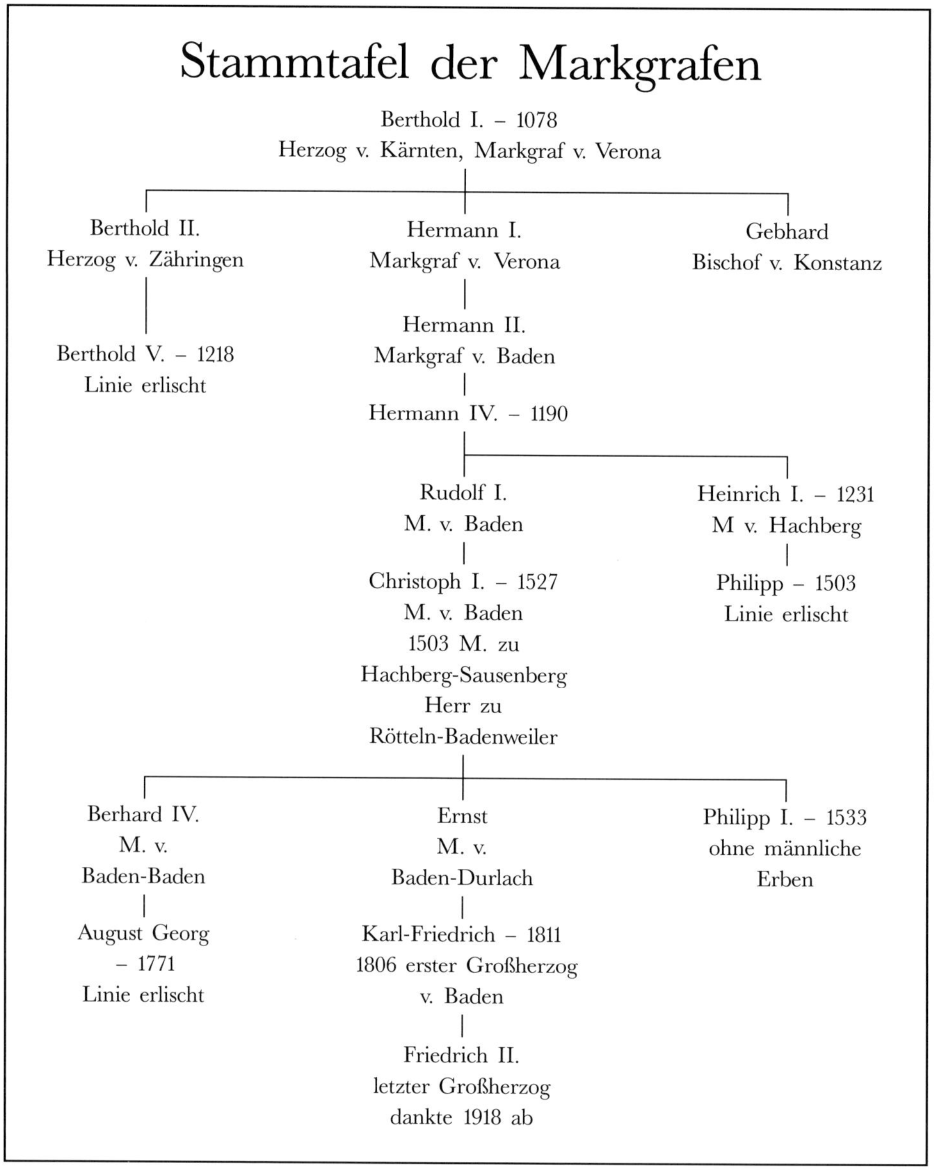

Pforzheim herum und in unserer Gegend. Dazwischen lag die Markgrafschaft Baden-Baden. Diese Verhältnisse machen es verständlich, daß das Markgräflerland die »obere Markgrafschaft« genannt wurde.
Markgraf Karl Wilhelm gründete 1715 Karlsruhe und verlegte die Residenz von Durlach dorthin.

Die Zeit Karl Friedrichs und die Entstehung des Großherzogtums. Karl Wilhelms Nachfolger, sein Enkel Karl Friedrich, wurde einer der bedeutendsten und beliebtesten Markgrafen der badischen Geschichte. Im Alter von 18 Jahren kam er 1746 an die Regierung. Als 1771 die Linie Baden-Baden ausstarb, waren in seiner Hand die Markgrafschaften zum zweiten Mal vereinigt. 30 Jahre später stand er mitten in den Auseinandersetzungen zwischen dem napoleonischen Frankreich und dem deutschen Reich. Sein Gesandter in Paris, Freiherr Sigismund von Reitzenstein, zuvor Landvogt von Sausenburg-Rötteln, war ein geschickter Diplomat. Er lancierte den Markgrafen auf die Seite Frankreichs, was riesige Gewinne einbrachte: Die einem Flickenteppich gleichenden Markgrafschaften wurden zu einem geschlossenen Staatsgebilde zusammengefügt, das nun vom Bodensee bis nach Tauberbischofsheim reichte, mit 4facher Fläche und 6facher Einwohnerzahl. 1803 zunächst Kurfürstentum, wurde dieser neue Staat 1806 zum Großherzogtum erhoben.
Karl Friedrich war im Volk hoch angesehen. Bis ins kleinste Detail kümmerte er sich um die Belange seines Landes selbst. Er modernisierte die Landwirtschaft, förderte die junge Industrie und trat für Toleranz und Mäßigung ein. 1783 schaffte er, beispielhaft in Europa, die Leibeigenschaft ab. Mit dem Markgräflerland verbinden ihn zwei Geschehnisse auf besondere Weise: 1771 führte er vom Genfer See die Gutedelrebe ein. 1791 berief er Johann Peter Hebel als Subdiakon nach Karlsruhe, wo dieser einen einzigartigen Aufstieg bis zum ersten Mann der badischen Landeskirche erlebte. Nach 65jähriger Amtszeit starb Karl Friedrich 1811. Seine Regierung hatte dem Land Wohlstand beschert. Die meisten alten Häuser, die wir in unseren Dörfern und Städten bewundern, sind in seiner Regierungszeit gebaut oder umgebaut worden.

Auswirkungen auf das Markgräflerland. Bis zur Entstehung des Großherzogtums grenzte das Markgräflerland auf allen Seiten an ausländisches Gebiet. Dadurch wurde es ein zusammengehöriges Gebilde, auch wenn es keine politische Selbständigkeit besaß. Diese Abgrenzung fiel im Norden und Osten weg, als die habsburgische Provinz Vorderösterreich mit ihrer Hauptstadt Freiburg badisch wurde. Geschichtlich hörte die Markgrafschaft auf zu existieren. Doch die Jahrhunderte unter den Markgrafen haben ein Gefühl der Zusammengehörigkeit erzeugt und das Sagen geprägt, so daß wir heute noch vom Markgräflerland oder der Markgrafschaft sprechen.

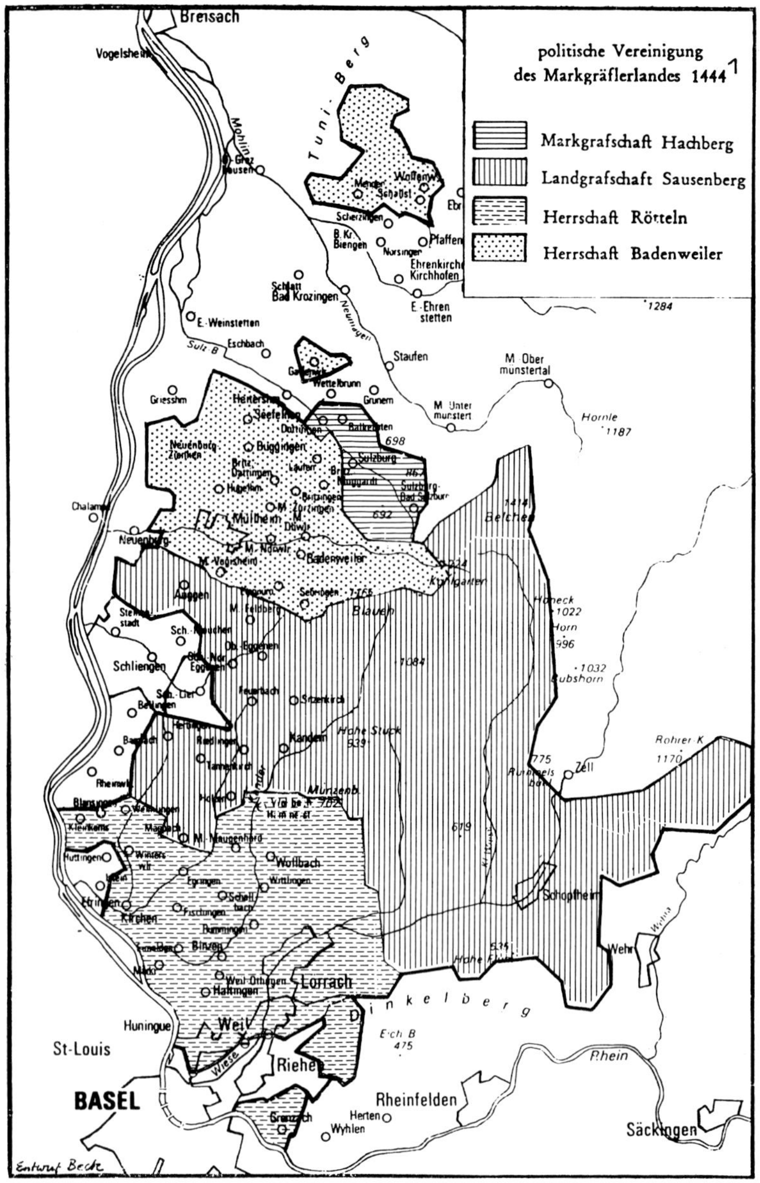
politische Vereinigung
des Markgräflerlandes 1444
Markgrafschaft Hachberg
Landgrafschaft Sausenberg
Herrschaft Rötteln
Herrschaft Badenweiler
Breisach
Vogelsheim
Tuni-Berg
Bad Krozingen
Staufen
Neuenburg
Müllheim
Badenweiler
Belchen
Blauen
Schliengen
Kandern
Schopfheim
Zell
Wehr
Lörrach
Weil
Riehen
Dinkelberg
Rhein
Rheinfelden
Säckingen
Huningue
St-Louis
BASEL
Wyhlen
Herten
Entwurf Beck

Zum Begriff »Markgräflerland«

Der Name »Markgräflerland« läßt sich, laut Weller, erstmals für das Jahr 1859 nachweisen. Für den alten markgräflichen Herrschaftsbereich galten die Bezeichnungen »(obere) Markgrafschaft«, »die drei oberen Herrschaften«, »das badische Oberland«. Vom »Markgräflerland« sprach man dagegen erst, als es die Markgrafschaft als politisch streng abgegrenzte Einheit nicht mehr gab, weil sie im Großherzogtum Baden aufging. Vielleicht kommen wir diesem Begriff am nächsten, wenn wir ihn als Folgebegriff für die alten Bezeichnungen verstehen. Ein Name nicht mehr für eine politische Einheit, sondern für eine Landschaft, die Grenzen nicht mehr durch Schlagbäume gekennzeichnet, sondern durch Flüsse, Täler und Berge gebildet. So leuchtet es ein, daß ganz selbstverständlich Orte zum Markgräflerland gezählt werden, die nicht zur Markgrafschaft gehörten, aber an ihrem Rande lagen. Zum Beispiel war Sulzburg Teil der Markgrafschaft Hachberg, Neuenburg war einst Freie Reichsstadt, Schliengen war Verwaltungsmittelpunkt der rechtsrheinischen Besitzungen des Fürstbischofs von Basel, und Liel, Bad Bellingen, Bamlach und Rheinweiler waren vorderösterreichische Dörfer.

Auf die Ausdehnung der alten Markgrafschaft bezogen, läßt sich das Markgräflerland historisch sinnvoll und überschaubar wie folgt abgrenzen: das Sulzbachtal im Norden, der Rhein im Westen, das Große Wiesental von Lörrach bis Hausen-Gersbach im Süden und das Kleine Wiesental bis hinauf zum Belchen im Osten.

Neben dem geschichtlichen Hintergrund des Begriffes »Markgräflerland« gibt es noch einen ebenso genau faßbaren zweiten. Er kommt vom Weinbau her. Das deutsche Weingesetz unterscheidet die Herkunft von Qualitätsweinen nach Anbaugebieten, Bereichen und Lagen. Innerhalb des Anbaugebietes Baden gibt es den Bereich Markgräflerland. Seine nördlichsten Lagen sind das Freiburger und Merzhausener Jesuitenschloß. Seine südlichsten sind der Hertener Steinacker und der Grenzacher Hornfelsen. Das ist insofern sinnvoll, als die Vorbergzone des südlichen Oberrheins von Basel bis zur Dreisam geschlossen erfaßt ist und den Weinorten eines gemeinsam ist: die dominierende Rolle der Markgräfler Rebsorte schlechthin, des Gutedels. Nicht übersehen sollte man dabei, daß einerseits die meisten Orte zwischen Freiburg und Sulzburg nicht zur Markgrafschaft gehörten, diese andererseits neben dem »Rebland« noch durch das hintere Kandertal, das Große Wiesental bis Gersbach-Hausen und das Kleine Wiesental gebildet wurde.

Außer diesen geschichtlich und weinbaulich abgrenzbaren Begriffen gibt es sehr unterschiedliche Verwendungen im alltäglichen Sprachgebrauch. Oft wird das Markgräflerland als die Umgebung um den eigenen Wohnort angesehen. Mit zunehmender Entfernung eines Ortes wächst die Unsicherheit, ob er noch dazugehört. So meint manch einer aus der Müllheimer Gegend, das Markgräflerland bestehe aus den Dörfern um Müllheim und »bald hinter Kandern« höre es auf.

Scheibenfeuer von Niederweiler mit dem Blauen

Vom Brauchtum

Nach der Niederlage der heidnischen Alemannen gegen die christianisierten Franken im Jahre 496 kamen als Missionare des christlichen Glaubens iroschottische Mönche in unseren Raum. Einer der ersten war 520 Fridolin in der Säckinger Gegend, 650 kam Trudpert ins Münstertal. Vielleicht war es ihr Geschick, daß sie die heidnischen Gebräuche der Alemannen nicht verdammten, sondern mit christlichen Feiertagen verbanden. So konnte etwas weiterleben, was in origineller Weise Allgemeinmenschliches ausdrückt.
Es geht um das Thema vom Menschen in der Natur. Der Mensch war früher viel unmittelbarer vom Geben und Nehmen der Natur betroffen. Seine Abhängigkeit vom Wohlwollen der Kräfte, die sein Leben erst ermöglichten, stand ihm viel deutlicher vor Augen. Diese Kräfte sah er in der Erde wirken, die ihn trug, ihm das Wasser gab und mit Hilfe der Sonne das hervorbrachte, was ihn nährte. Er erahnte sie auch in der Vielfalt der Erscheinungen, die seinem bloßen Dasein die Erfahrung der Freude gab.
Der Mensch suchte nach Formen, um seine Beziehung zur Natur, sein Hoffen und Bangen auszudrücken. Im Brauchtum sind uns solche Formen als rituelle Handlungen überliefert. Meist handelt es vom Wechsel der kalten und warmen Jahreszeit. Der Winter soll verbannt werden, die fruchtbare Jahreszeit wird herbeigesehnt. Das Schwinden des Winters und das Werden des Frühlings geschehen nicht unbemerkt. Im Gegenteil, der Mensch schwingt im ganzen Frühlingsgeschehen mit und drückt dies im Brauchtum wunderbar aus, mit seinem ganzen Sein.

Die Gegend um Müllheim ist eine Brauchtumsinsel. Es sind dort Formen bewahrt, die in anderen Gegenden wohl einzeln auch vorkommen, selten jedoch in dieser Häufung. Es sind hervorzuheben: das Scheibenfeuer, der Hisgier, die Uffertbrut, die Pfingstbrunnen. Da ich mit dem Brauchtum des Dorfes St. Ilgen aufgewachsen bin, möchte ich im wesentlichen den dortigen Ablauf schildern.

Scheibenfeuer. Am Samstag nach Fastnacht fahren die Buben mit Traktor und Anhänger durch's Dorf und singen den Spruch: »Holz am Döldele – Holz am Döldele – isch e gueti Frau im Huus – git sie au e Welle us«. Holz aller Art wird gesammelt. Ausgediente schadhafte Balken, auch etliche Rebwellen sind darunter. Die Fuhren werden auf einem Platz hoch über dem Dorf abgeladen, in formlosen Haufen zunächst. Einige Buben bewachen das Holz über Nacht, denn vielleicht kommen welche aus einem Nachbardorf, um es anzuzünden, was eine große

Seefelder Scheibenfeuer

Schande wäre. Am Sonntag werden Holzpyramiden errichtet, innen die Rebwellen, außen die Balken, und Scheibenbänke, das sind in einem Winkel von etwa 40° aufgestellte Bretter. Vor Einbruch der Dunkelheit lodern die ersten Flammen. Wenn die Leute aus dem Dorf heraufkommen, sind die Feuer schon etwas heruntergebrannt. Man kann nun näher heran und quadratische oder runde Scheiben aus Buchenholz mit einem Loch in der Mitte auf Haselstecken aufbringen und ins Feuer halten. Wenn die Ränder der Scheibe glühen, wird sie durch die Luft geschwungen und auf die Scheibenbank geschlagen. Gelingt es, fliegt sie in hohem Bogen durch die Nacht. Früher sagte man Sprüche und Wünsche dazu, heiteren oder ernsten Inhaltes. Einer lautete: »Schibi, Schibo – die Schibe soll go – die Schibi soll gumpe – im Pfarrer an Stumpe!« Gemeint war der letzte Pfarrer von Laufen, der Stumpen rauchte. Immer gibt es einige, die besonders hohe und weite Flugbahnen zustande bringen und Bewunderung hervorrufen: »He lueg, wie schön die Schibe fliegt!« – »Jo, des isch wieder der Ernscht gsi, der cha's halt!« Andere hingegen sind glücklich, wenn ihre Scheibe einige Meter weit fliegt. Es ist noch recht kalt an diesen Februarabenden. Manchmal regnet oder schneit es. Doch ein erstes Mal bricht hier das ungestüme Sehnen

Hisgier in Seefelden

nach dem Frühling hervor. Mit der Scheibe als Symbol für die Sonne soll der Winter vertrieben werden.
Auch beim nächsten Brauch, dem *Hisgier,* sind die Buben die Ausrichter. In Seefelden, wo das Brauchtum sorgfältig bewahrt wurde, sind es nur die Schulabgänger, die »Meister«. In der Entstehungszeit der Bräuche gab es aber noch keine Schulen in den Dörfern. Somit auch keinen Schulabschluß als deutliche Wegmarke am Übergang in die Arbeits- und Erwachsenenwelt. Ob das Brauchtum auch diese Aufgabe hatte: wer es ausrichtete, wurde in die Welt der Erwachsenen aufgenommen? Demnach eine Art Mannbarkeitsritus? Der Hisgier ist eine Strohgestalt, die je nach Ort am Sonntag Lätare oder am Ostermontag durchs Dorf zieht. Die Bedeutung des Namens ist ebenso unklar wie der Sinn dieser Gestalt. Gedeutet wird sie als Wachstumsgeist, als Bettelfigur armer Kinder oder als Verkörperung des Winters. Letztere Deutung ist die wahrscheinlichste. Das Stroh symbolisiert die Leblosigkeit der Winterzeit. Der Hisgierbub, meist der größte oder älteste der Schar, wird ganz in Stroh eingekleidet. Früher hatte jeder Hof einige Ar Roggen, dessen über 2 m hohe Halme allerlei Zwecken diente. Sie wurden zum Heften der Reben und zum Anfertigen von »Straufinke« (Strohschuhen) verwendet. Heute muß langes Stroh aus dem Schwarzwald »eingeführt« werden. In jedem Dorf wird es in charakteristischer Weise verarbeitet. In Vögisheim werden Zöpfe geflochten, in St. Ilgen wird es etwa 30 cm lang abgeschnitten und zu Manschetten gebündelt, für Arme und Beine. Aus über einen Meter langen Halmen wird eine Pyramide angefertigt, die dem Jungen über den Kopf gestülpt wird. Nicht einmal eine Öffnung für die Augen wird ausgespart. Welche Hitze sich unter diesem »Mantel« entwickelt und wie das beißt, konnte ich am eigenen Leibe erleben, als ich Hisgier in St. Ilgen sein durfte. Man wird von den Kameraden durchs Dorf geführt. Vor jedem Haus wird der Spruch gesungen: »Hiri hari heieri – der Hisgier isch e Beieri – der Hisgier isch e brave Ma – er wott gern Eier in Anke ha.« Die Bewohner kommen heraus und fragen: »Cha de Hisgier au gumpe?« Der muß dann einige Male aufspringen, was den Schweißstrom noch verstärkt. Die anderen Buben sammeln Eier in die mitgebrachten Chriesechratte, heute gibt es oft Geld. Am Schluß wird der Ertrag geteilt, der Hisgier bekommt das Doppelte. Früher wurde den Buben nach dem Umzug aus den Eiern eine Mahlzeit zubereitet.

Die *Uffertbrut* ist ein Brauch der Mädchen. Ein oder zwei Schulmädchen werden weiß gekleidet, mit Schleiern und Blumenkränzen geschmückt, an manchen Orten auch mit farbigen Bändern. Mit einer ganzen Schar von Begleiterinnen ziehen sie durchs Dorf, singen Frühlingslieder oder leiern einen überlieferten Spruch. Auf den Sinn dieses Brauches weist der Spruch von Bürchau im Kleinen Wiesental hin: »Chömet uuse ihr Fraue – das Brütli go b'schaue – un b'schaue ihr das Brütli nit – erläbet ihr au Pfingste nit!« Die Uffertbrut verkörpert den Frühling. Ihr Anblick soll Segen bringen. Sind es zwei Bräute, versinnbildlichen sie als Paar die fruchtbare Zweiheit. In den meisten Orten findet sie an Christi Himmelfahrt statt, doch hat sie sicher ursprünglich nichts mit diesem Feiertag zu tun. Dagegen liegt eine Zusammengehörigkeit von Uffertbrut und Hisgier nahe. In Seefelden und Zunzingen finden beide gleichzeitig statt. Die Mädchen sagen einen Spruch, der dem des Hisgier ähnelt, die Uffertbrut wird auch »Meidlihisgier« genannt. Nach getrenntem Umzug durchs Dorf kämpfen Uffertbrut und Hisgier gegeneinander. Der Ausgang des Kampfes soll Hinweis geben, ob ein fruchtbares Jahr bevorsteht. Aber bei der meist überlegenen Kraft der Buben müßte es dauernd magere Jahre geben . . .
Nach dem Umzug versammeln sich die Mädchen bei einer der Bräute daheim oder in einem Saal zu Kaffee und Kuchen.
Ob Uffertbrut und Hisigier Überreste

Uffertbrut von Laufen und St. Ilgen

eines germanischen Spieles sind, in dem in kultischer Handlung der Kampf der kalten mit der fruchtbaren Jahreszeit vollzogen wurde? So gesehen wäre der »Meidlihisgier« erst später an einigen Orten aus dem Geschehen herausgenommen und mit einem christlichen Feiertag verbunden worden. Das sind Spekulationen, doch mit Sicherheit sind beides uralte, faszinierende Gestalten, deren Erforschung erst am Anfang steht.

Britzinger Pfingstbrunnen

Den Abschluß unseres kleinen Streifzuges durch das Brauchtum bilden die *Pfingstbrunnen.* Während die Scheibenfeuer zu einer Jahreszeit stattfanden, die den Frühling erst erahnen ließ, ist nun die Natur in ihrer schönsten Blüte. Wie auf köstliche Weise sich das ganze Frühlingsgeschehen mit menschlichem Tun verbindet, erfährt am besten derjenige, der in aller Frühe des Pfingstsonntages die Dörfer besucht. Noch ist es ganz still. Ein erstes zartes Licht liegt über allem. Beinahe laut erscheint das Plätschern des Dorfbrunnens vor Anbruch des Tageslärmes. Er, der das ganze Jahr das Wasser gibt und faßt, hat seinen Feiertag. Der steinerne Trog ist geschmückt mit einem Kranz aus Tannenreis oder Stechpalmenblättern. Doch nicht allein das frische Grün kleidet den alten Stein festlich. Auf den Kranz gesteckt sind eine Fülle von Blüten, von Stiefmütterchen über Rittersporn bis zu großen vollen Pfingstrosen. Um den Brunnenstock rankt sich ein weiterer Kranz hinauf bis zum Höhepunkt dieser pfingstlichen Erscheinung: der Krone. Auf sie wird besonders viel Sorgfalt und Liebe verwendet. Der Kranz, kunstvoll auf ein Eisengestell geflochten, ist kaum noch zu sehen in der Fülle der Blüten. Um dieses Werk zu schaffen, kommen die Mädchen und Buben des Dorfes viele Abende zum »Kränzeln« zusammen. Dabei wird allerlei Schabernack getrieben. Am Pfingstsamstag schließlich zieht eine Gruppe durchs Dorf und sammelt Blüten. Aus jedem Garten wird etwas dazugeben. Außerdem werden die Brunnen geputzt. Das Wasser wird abgelassen, die Wände und der Boden geschrubbt und manchmal blau gestrichen. Oft entsteht eine Wasserschlacht, in der mancher von Kopf bis Fuß naß wird. Am Abend werden die Kränze vollendet und mitten in der Nacht auf den Brunnen befestigt und geschmückt.

Die Pfingstbrunnen sind so recht ein Werk des ganzen Dorfes. Geschaffen nicht als Auftragsarbeit, sondern in fröhlichem gemeinsamen Tun. Als dieser Brauch entstand, gab es noch keine Wasserleitungen. Man konnte nicht einfach den Hahnen aufdrehen und das Wasser lief, von irgendwoher. Man mußte zum Brunnen gehen und jeden Liter heimtragen. Manchmal ging das Wasser aus und man spürte, wie sehr man vom Brunnen abhängig war. Für die Heiden war er ein Ort guter Geister. Ihnen wollte man danken, sie wollte man freundlich stimmen für das kommende Jahr. Uns heutigen, denen das saubere Wasser mancherorts bereits bitter fehlt, kann so ein behutsamer und ehrfurchtsvoller Umgang mit diesem Lebensstoff nur Vorbild sein!

Volkstanzgruppe Laufen in der alten Markgräfler Tracht

Weilertal, Oberrheintal und Vogesen vom Eselsgrabenfelsen

Das Muggardter Rebhäuschen

Quellen- und Literaturverzeichnis

Albrecht, Herbert: Schloß Bürgeln.
Das Markgräflerland, Jahrgang 1964, Heft 2, S. 120 – 125

Baum, Hubert: Alemannisches Wörterbuch für Baden.
Freiburg i. Br. 1978[3]

Burte, Hermann: Madlee. Offenburg 1951

Eisele, Albert: Schloß Bürgeln und die Sausenburg.
Das Markgräflerland, Jahrgang 1969, Heft 1, S. 43 – 46

Evangelischer Kirchenbezirk Müllheim (Hrg.):
400 Jahre Evang. Kirchenbezirk Badenweiler-Müllheim 1556 – 1956.
Müllheim o. J.

Heidegger, Martin: Der Feldweg.
Frankfurt am Main 1986[8]

Hollenweger, Paula: Um das Brauchtum im Markgräflerland.
Das Markgräflerland, Jahrgang 1962, Heft 2, S. 38 – 55

Hübner, Paul: Zur Frage nach dem Wesen des Menschen.
Kandern 1984

Kromer, Lina: Nur ein Mensch zu sein.
Freiburg i. Br. 1979

List, Karl: St. Cyriak in Sulzburg 993 – 1964.
Freiburg i. Br. o. J.

Müller, Wolfgang (Hrg.): Das Markgräflerland.
Bühl 1969

Preusch-Müller, Ida: Alles, Haimet, isch dy Lied.
Freiburg i. Br. 1964

Schlott, Robert: Gedichte aus dem Nachlaß, Frau Waltraud Güntert, St. Ilgen

Schülin, Fritz: Zeit- und Stammtafel zur Geschichte des Markgräflerlandes.
Das Markgräflerland, Jahrgang 1979, Heft 1/2, S. 181 – 199

Wolfsberger, Fritz: Zwische Blaue un Rhy.
Neuenburg am Rhein 1984[2]

Trockenmauern im Rebberg

Bad Bellingen und Rheinwald

Kirche von St. Ilgen und Muggardter Berg

Wallfahrtskapelle Maria Hügel bei Bamlach

Dank

Danken möchte ich meinem Vater, der mich das Sehen in der Landschaft lehrte, und meiner Mutter, die mit ihrer Liebe das Haus meiner Kindheit erfüllte.

Günter Fader und Gerd Schindler standen mir bei der Abfassung des Kapitels „Vom Weinbau“ sachkundig zur Seite.

Für die Abdruckgenehmigung der Gedichte danke ich: Frau Elisabeth Etzel, Wolfenweiler (Lina Kromer); Herrn Willi Eckerlin, Müllheim (Ida Preusch-Müller); Frau Waltraud Güntert, St. Ilgen (Robert Schlott); Frau Margarethe Wolfsberger, Müllheim (Fritz Wolfsberger). Herr Ernst Erler, Seefelden, ehemaliger Bürgermeister der Gemeinde Buggingen-Seefelden, gab mir wichtige Informationen zum Brauchtum.

Besonders verbunden fühle ich mich der allzu früh verstorbenen Buchhändlerin Gisela Jäckh, auf deren Anregung hin dieser Band entstand.

Ich danke meiner lieben Frau, die immer an die Verwirklichung dieses Buches glaubte.

Kontaktadresse:

Dr. Christfried Preußler
Morgengasse 22
78354 Sipplingen

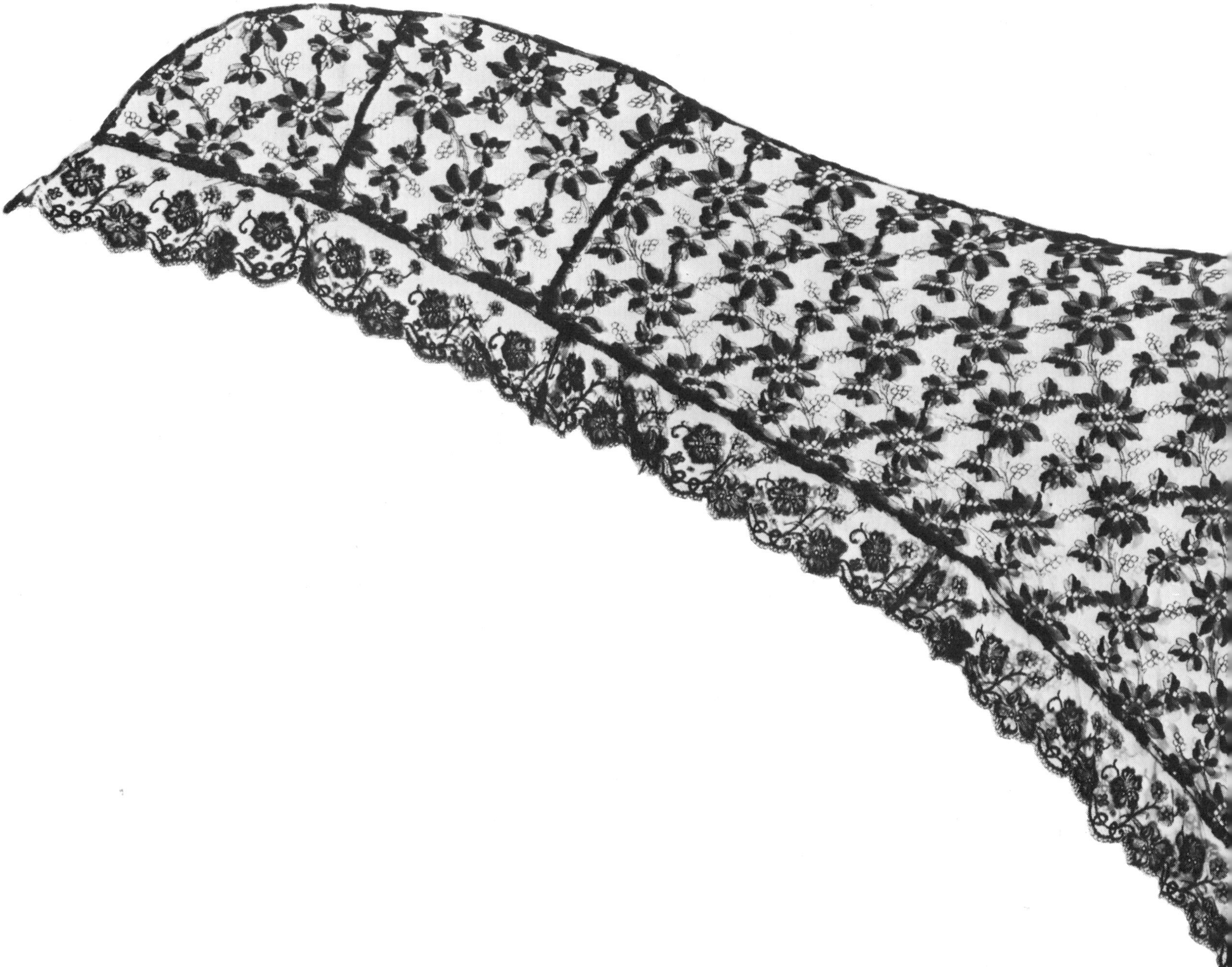